[illegible]

DE MONTREUIL

Histoire et Cartulaire

PAR LE Cte A. DE LOISNE

DOCTEUR EN DROIT

CORRESPONDANT DU MINISTÈRE DE L'INSTRUCTION PUBLIQUE

ABBEVILLE

IMPRIMERIE LAFOSSE ET Cie

1903

LA MALADRERIE DU VAL

DE MONTREUIL

LA

MALADRERIE DU VAL

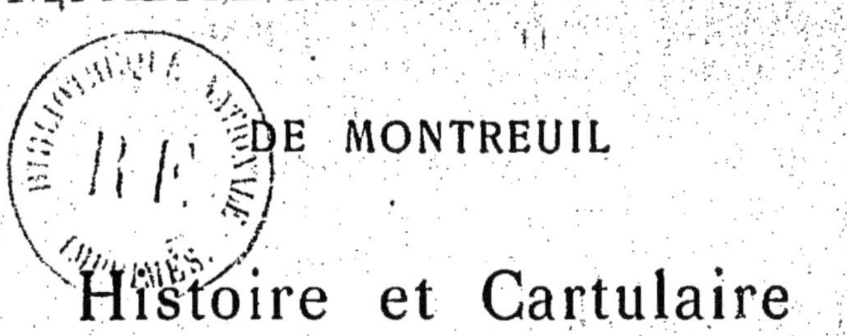

DE MONTREUIL

Histoire et Cartulaire

PAR LE Cte A. DE LOISNE

DOCTEUR EN DROIT

CORRESPONDANT DU MINISTÈRE DE L'INSTRUCTION PUBLIQUE

ABBEVILLE

IMPRIMERIE LAFOSSE ET Cie

1903

La Maladrerie du Val

DE MONTREUIL-SUR-MER[1]

I

LA LÈPRE AU MOYEN AGE. — NOMBREUSES MALADRERIES. — FONDATION DE LA MALADRERIE DU VAL-LEZ-MONTREUIL, AU XIIe SIÈCLE. — DONATIONS, BULLES PONTIFICALES, ACQUISITIONS DIVERSES.

Des nombreux fléaux qui ravagèrent l'humanité au moyen âge, la lèpre fut peut-être le plus cruel, à coup sûr le plus généralement répandu. Elle existait déjà en France,

1. M. Braquehay, de regrettée et savante mémoire, avait entrepris l'histoire des *Etablissements hospitaliers de la ville de Montreuil*. Un premier volume a été consacré par lui à l'Hôtel-Dieu (Amiens, 1882, in-8°) et une brochure, d'une vingtaine de pages, aux hôpitaux de Saint-Julien-le-Pauvre, de Notre-Dame et de Saint-Jacques-du-Martroy (Abbeville, 1887, in-8°; extrait du *Cabinet historique de l'Artois et de la Picardie)*. La mort ne lui a pas permis de terminer son œuvre; le présent travail se propose de la compléter en ce qui concerne l'ancienne maladrerie du Val.

d'après Velly, au milieu du VIIIe siècle, époque où l'abbé de Corbie fit construire une léproserie [1]; mais elle devint surtout fréquente à partir du onzième. Les croisés l'importèrent d'Orient, où elle sévissait en Egypte et en Judée depuis les temps bibliques [2] et elle trouva dans la malpropreté des villes, à une époque où le seul système de vidange connu était celui du « tout à la rue [3] », un terrain de culture essentiellement favorable à son rapide développement. Cette affection était une maladie de la peau, dont le siège se trouvait surtout à la face et aux parties supérieures du corps, débutant par des taches rouges qui prenaient plus tard une teinte bronzée et sous lesquelles se développaient des tubercules ou tumeurs plus ou moins larges séparées par des rides profondes, avec boursoufflure du tissu cellulaire. C'était une sorte d'éléphantiasis [4]. Les lèvres, le nez, les joues gonflées prenaient un aspect effrayant et la peau ressemblait à celle de l'éléphant. L'haleine devenait fétide; dans certains cas les régions infestées étaient frappées d'insensibilité [5], si bien que jusqu'à

1. Un capitulaire de 789 s'occupe déjà des lépreux (Isambert, *Anciennes lois françaises*, t. I, p. 43).

2. Voir D. Calmet, *Comment. sur l'ancien et le nouveau testament*, p. 119-137.

3. Voir sur l'hygiène des villes et de Paris en particulier, au moyen-âge : Alfr. Franklin, *l'Hygiène*, chap. I.

4. Dom Calmet traitant la question de savoir si la lèpre était la maladie vénérienne appelée plus tard *le mal de Naples*, parce que les Français, sous Charles VIII, la gagnèrent en faisant le siège de cette ville, D. Calmet, disons-nous, s'exprime ainsi dans sa dissertation sur le mal qui couvrit Job d'ulcères : « On peut avancer en faveur de l'affirmative que c'est l'opinion commune de l'église, puisqu'elle a dédié à Job une infinité d'autels, de chapelles, de tableaux dans les maladreries ou lieux semblables destinés au soulagement des lépreux. Ceux qui sont attaqués de la lèpre et des maladies qui s'y rapportent ont recours à ce saint, comme à celui que l'église a choisi pour leur patron et leur intercesseur particulier. On implore aussi son intercession contre le *mal de Naples*, qui fut connu dans le commencement sous le nom de *maladie de Job* ».

5. C'est de la prétendue insensibilité des lépreux qu'est venue la qualification de *ladres* appliquée aux avares. On a étendu à l'insensibilité morale le qualificatif qu'on croyait convenir à l'insensibilité physique.

Ambroise Paré on enfonçait des épingles à la place des taches pour éprouver si le malade était ladre[1].

Ce mal qui ne conduisait que lentement ses victimes à la mort, était incurable, ou du moins les médecins de l'époque ne connaissaient pas de remèdes pour le guérir[2]. On se borna dès lors à chercher à empêcher la contagion au moyen de la réclusion.

Dès le milieu du XIIe siècle on voit tous les seigneurs hauts justiciers, laïques et ecclésiastiques, ouvrir des asiles où les personnes de leur juridiction atteintes de la lèpre étaient enfermées, séparées à jamais du monde[3]. Près de cent maladreries furent à cette époque, ou dans le siècle suivant, fondées dans la région qui forme aujourd'hui le

1. Voici la peinture que font d'un lépreux les chirurgiens jurés commis à l'examen d'un individu suspect par le Châtelet de Paris : « Premièrement, avons trouvé la couleur de son visage couperosée, blafarde et livide, et pleine de saphirs (pustules). Aussi, avons tiré de ses cheveux et poil de sa barbe et sourcils, et avons vu qu'à la racine du poil estoit attachée quelque petite portion de chair. Es sourcils et derrière les oreilles avons trouvé des petites tubercules glanduleuses ; le front ridé ; son regard fixe et immobile ; les yeux rouges, estincelans ; les narines larges par dehors et estroittes par dedans, quasi bouchées, avec petites ulcères crousteuses ; la langue enflée et noire, et au dessus et au dessous avons trouvé petits grains, comme on voit aux pourceaux ladres ; les gencives corrodées et les dents descharnées, et son haleine fort puante ; ayant la voix enrouée, parlant du nez. Aussi l'avons vu nud, et avons trouvé tout son cuir crespy et inégal comme celui d'une oye maigre plumée, et en certains lieux plusieurs dartres. Davantage l'avons picqué assez profondément d'une aiguille au tendon du talon, sans l'avoir à peine senty ». (Ambroise Paré, *Œuvres*, p. 744.) — Cf. Dr Charcot, *Iconographie de la Salpêtrière*, t. I, p. 42.)

2. Pour guérir la lèpre, les médecins avaient essayé de tous les moyens, même des bains de sang humain (Jérôme de Monteux, *Conservation de la santé*, traduct. Valgelas, p. 98), même de la castration (Baluze, *Epistolæ Innocentii III papæ*, t. I, p. 10). Le célèbre Julien Paulmier, au XVe siècle, employait un traitement plus rationnel qui consistait en frictions mercurielles, pour la lèpre croûteuse (*De Morbis contagiosis*, p. 230). Il se servait aussi d'un grand nombre de médicaments composés (*Id.*, p. 248).

3. Lettres patentes du 31 juillet 1322, (*Ordonn. des rois de France*, t. XI, p. 83).

département du Pas-de-Calais[1]. L'abbaye de Saint-Saulve

1. Comme personne, sauf MM. Loriquet, pour Labroye, (Arras, 1884, in-8o) et Enlart, pour Boulogne, ne s'est jusqu'à ce jour occupé des anciennes maladreries de notre département, nous croyons intéressant d'indiquer, avec textes à l'appui, les communes où nous en avons constaté l'existence :

ACHICOURT. — Maladrerie du Grand-Val, fondée au XIIe siècle et réunie, en 1698, à l'hôpital de Saint-Jean-en-l'Estrée. — *Domus leprosorum de Grandi Valle*, 1232, (*cart. de Saint-Jean-en-l'Estrée*, p. 353.) — *Leprosarii sive leprosi domus Magni Vallis*, 1431, (*cart. ms. du chap. d'Arr.* fo 47 ro.) — Maladrerie du Petit-Val, *les frères et sœurs du Petit-Val*, 1517, (Arch. nat., Q[1] 914.) C'étaient les deux léproseries de la ville d'Arras.

AIX-NOULETTE. — Fondée en 1234 et connue sous le nom d'Hôpital Saint-Pierre, (Bibl. nat., *Titres et comptes d'Art.*, t. III, fo 52, pièce 12.)

ANVIN. — Fondée au XIIIe siècle et connue sous le nom d'Hôpital d'Anvin.

AUXI-LE-CHATEAU. — Fondée en 1223. — *Leprosi de Aussi*, XIIIe siècle, (terr. de Dommartin.)

AVESNES-LE-COMTE. — Fondée au XIIIe siècle et connue sous le nom d'Hôpital d'Avesnes-le-Comte.

BAILLEULMONT. — (Arch. nat., S 4816.)

BAILLEULVAL. — (Id.)

BAPAUME. — (*Titres et comptes d'Art.*, t. III, fo 58, no 8 et Arch. nat., S 4816.)

BAYENGHEM-LEZ-EPERLECQUES. — *Deux mesures de terre sur lequel est assize la croix dudict lieu de Monnechove et à ce bout west doit estre le demeure des ladres, s'aucuns y en a*, 1517, (terr. de Tournehem.)

BEAUMETZ-LEZ-CAMBRAI. — (Bibl. nat., *lat.*, 17736, fo 72 vo et Arch. nat., S 4816.)

BEAUMONT. — (Arch. nat., S 4816.)

BEAURAINS. — Fondée au milieu du XIIe siècle, (Guiman, p. 255. — *Cart. du chap. d'Arr.*, nos 30 et 72.)

BEAURAINVILLE. Hôpital de Cocquempot fondé au XIIIe siècle. — 1479, (aveu de Merlimont.)

BERNEVILLE. — (Arch. nat., S 4816.)

BÉTHUNE. — *Domus leprosorum Bethuniensium*, 1277, (Arch. du Pas-de-Calais, *abb. de Chocques*, carton 2). Commanderie après la réunion à l'ordre de N.-D. du Mont-Carmel et de Saint-Lazare (Arch. nat., S. 4816.)

BLANDECQUES. — Lieu dit *la maladrerie*.

BOIRY-BECQUERELLE, (XIIIe siècle.)

BOULOGNE. — *Les frères et sœurs de la maladrerie de Boulogne*, 1278, (*Mém. de la soc. acad. de Boul.*, t. IX, p. 224. — *La maison Dieu et Saint-Ladre*, 1566. (Arch. nat., S 4922.) — Maison de la Madeleine dans la paroisse de Saint-Martin, 1554, (Arch. de Boul., reg. 1013 et Arch. nat., *loc. cit.*)

BOURNONVILLE. — (Arch. nat., Q[1] 894.)

CALAIS. — Fondée au XIIe siècle. — *Leprosi parrochie de Calays*, 1200, (Bibl. nat., D. Grenier, t. CXCIV, fo 243 ro.)

CAMIERS. — Hôpital de Saint-Nicolas fondé au XIIIe siècle.

CAUMONT. — (Arch. nat., S 4816.)

CAVRON. (1285, *titres et comptes d'Art.*, t. I, f° 4.)

CHÉRIZY. — (Arch. nat., S 4816.)

CHOCQUES. — *Une maison de Saint-Ladre que on apiele maladrerie, estorée anciennement en me tiere de Chokes*, 1307, (abb. de Chocques, *carton* 3).

CLARQUES. Ancienne maladrerie de la ville de Thérouanne, *(Miræus*, t. IV, p. 673).

LA COUTURE. — *La rue de la maladrerie* (lieu dit).

CROISILLES. Fondée au XIIe siècle, (Arch. nat., P. 2060 et S 4816.)

DOHEM. Lieu dit *la Mébrurie* (la Mézellerie).

DOUVRIN. — (Arch. nat., P. 2073.)

DROUVIN. — (Bibl. nat., Colbert, Fl. t. LXXX, f° 453 r°.)

DUISANS. — *Les Maladeaux, entre Wagnonlieu et Duisans*, 1409, (Arch. du Pas-de-Calais, Abb. de Marœuil, *cart.* 1.)

EPERLECQUES. Au hameau de Westrehove, lieu dit *Maschelpet* (le puits des Mézeaux). — *Supra viam de Westerhove, sicut itur ad leprosariam*, 1342, *(cart. des Chartreux*, f° 204).

ERGNY. Réunie en 1696 à l'hôpital de Pernes.

ESQUERDES. Au lieu dit *la Pruvolé.*

ETAPLES. Fondée près Hilbert, au XIIIe siècle ; détruite en 1546.

FAMECHON ; au hameau de Saint-Ladre.

FAUQUEMBERGUES. Saint-Ladre fondé au XIIIe siècle, 1296, (Arch. du Pas-de-Calais, A. 60, f° 7 r°.) — *Leprosaria Falcobergensis*, XVe siècle. (Tassart, *Pouillé de Thérouanne.)*

FIENNES (l'hôpital de), réuni en 1696 à celui de Boulogne.

FRENCQ. Fondée au XIIe siècle, au lieu dit *le Maladry ;* réunie en 1696 à l'hôpital de Boulogne.

FRÉVENT. Fondée au XIIIe siècle, (Arch. nat., S 4816.)

FRUGES. Maladrerie dans la commune actuelle de Coupelle-Neuve.

GENNES-IVERGNY. Réunie en 1696 à l'hôpital d'Auxi-le-Château.

GIVENCHY-LEZ-LA-BASSÉE. — (abb. d'Etrun, compte de 1565.)

GUÉMAPPE. Réunie en 1696 à l'hôpital d'Arras.

GUINES. Maladrerie d'Espellecques — *Domus leprosorum de Espelleke*, 1208, *(chron. Andr.*, p. 846 a). — *L'Hospital des malades Espelleke*, 1264, (Tailliar, rec. d'actes, p. 262.) — *Pauperum xenodochium et leprosorium extra Guisnas, apud Spelecas*, XIIIe siècle, (Lambert. Ard., p. 155.)

HAUT-LOQUIN. Lieu dit *la Maladrerie.*

HÉNIN-LIÉTART. Fondée au XIIe siècle. — *Leprosi Hinniacenses*, 1187, (abb. d'Hénin, *doss.* 1). — *Leprosia de Hainiaco*, 1287, *(cart. de Marœuil*, f° 89 r°.)

HERBELLES. Lieu dit *la Maladrerie.*

HOUDAIN. *La maladrerie de Houdaing*, 1404, (Arch. nat., P. 2060.)

HULLUCH. Réunie en 1696 à l'hôpital de La Bassée.

LABROYE. Fondée au XIIIe siècle et réunie en 1696 à l'hôpital d'Auxi-le-Château, (Arch. nat., J, 789, n° 8.)

LÉPINE. Maladrerie de l'abbaye de Longvillers fondée au XIIe siècle.

LILLERS. — *Le maladerie de Lyllers*, 1404, *(cart. des chartr. de Gosnay*, f° 93 v°.) — *Le manoir de le maladerie*, 1449, *(id.*, f° 95 r°.)

LONGFOSSÉ. Maladrerie de Desvres, actuellement la *Ferme des Pauvres.* — *Le maladerie de Deverne*, 1340, *(Mém. soc. acad. de Boul.*, t. IX, p. 375.)

LOUCHES. Maladrerie de Lostebarne, ancienne maladrerie d'Ardres. — *Le maladrie de Londeborne*, 1296, (Arch. du Nord, A. 60, f° 7 r°.) — *Infirmaria sive infirmantium tugurium*, XIIIe siècle, (Lamb. Ard.)

MAINTENAY. — *Le Maladrie*, 1315, (av. de Maintenay, f° 23 v°.)

MAISONCELLE. — *Les malades de Maisonceles*, 1315, (ch. d'Art., A. 339.)

MARCK. — *Pauperes leprosi de Merch*, 1216, *(Chron. Andr.*, p. 856. — *Le maladrerie de Merch*, 1318, (Bibl. nat., *Titres et comptes d'Art.*, t. II, f° 35, n°s 5 et 6.)

MARCONNE. — *Hospitale de Marcona*, 1216, (D. Bét., *cart. d'Auchy*, p. 14.)

MARQUISE. — Lieu dit *la Maladrerie.*

MORY. — (Arch. nat., S 4816.)

NORDAUSQUE. — *L'hospital d'Ausque*, 1542, (terr. de Tournehem).

ŒUF-EN-TERNOIS. — *Les Mésiax d'Oes*, 1239, (D. Bét., *cart. d'Auchy*, p. 158.)

PALLUEL. — *Le Maladerie de Paluiel*, XIIIe siècle, (abb. du Verger).

PERNES-EN-ARTOIS. — Fondée au XIIIe siècle et réunie en 1696 à l'hôpital de ce lieu.

QUILLEN ; lieu dit *la Maladrie.*

RAMECOURT. Ferme de Saint-Ladre, ancienne maladrerie de Saint-Pol. — *Domus leprosorum de Sancto Paulo*, 1221, (Douay, M^on de Béthune, pr., p. 7.) — L'hôpital Saint Ladre de Saint-Pol, (Bibl. nat., fr. 8546, f° 39 r°.)

REMILLY-WIRQUIN ; maladrerie fondée au XIIIe siècle, entre la rue Grenière et la rue Bertin.

ROCLINCOURT. — *Le Maladrie de Roquellaincourt*, 1330, (ch. d'Art., A. 510, n° 1.)

SAINT-GEORGES. Saint-Ladre, maladrerie de la ville d'Hesdin. — *La maison Saint-Ladre*, 1638, (Bibl. nat., Colbert, Fl., t. CXL, f° 3 v°.)

SAINT-INGLEVERT. Fondée en 1131 comme prieuré hôpital. — *Hospitale de Santingueld*, XIIe siècle. *(Chron. Andr.*, p. 811.) — *La Maladrie et hospital Sainct Inglovert*, 1674, (Arch. nat., 54832.)

SAINT-NICOLAS-LEZ-ARRAS. — *Leprosia de Miaullens*, 1261, *(cens. de N.-D. d'Arr.*, f° 37 v°.) — *L'ospital et maladrie que on dist Saint Nicolay à Miolens*, 1442, (Arch. nat., S 4816.)

SAINT-OMER. — La Madeleine, fondée vers 1106. — *Le maison de le Magdelaine*, 1349, (Giry, *Reg. de Saint-Omer*, n° 64.) — *L'oopital et maison des ladres nommée le Magdalaine quy est maladrie distant de la dite ville de Saint-Omer environ d'ung trait d'arbaleste*, 1566, *(mém. Morin.*, t. XIV, p. 232.)

SAINT-VENANT. Maladrerie réunie en 1696 à l'hôpital de Lillers. — *L'ospital de Saint-Venant*, 1276, (chap. d'Aire, carton 1.) — *Le Maladrie de Saint-Venant*, XIIIe siècle, (pièce justif., n° XXV).

SAMER (la Madeleine). — *Le maladrye de Samer au Bois*, 1553, *(cueilloir de N.-D. de Boul.*, G. 21, f° 79 r°).

avait la sienne à Cavron-Saint-Martin ; Saint-Josse, à Bugneseule [1] ; Longvillers, à Lépine [2]. Les comtes de Ponthieu et de Montreuil établirent la leur près de Montreuil, dans la partie du village d'Ecuires qui, à l'organisation du département du Pas-de-Calais, a été incorporée à la commune de Boisjean. On ignore la date exacte de cette fondation ; mais elle eut lieu certainement dans la seconde moitié du XIIe siècle, car, dès cette époque les chartes prouvent que la maladrerie du Val-des-malades, *domus leprosorum Vallis prope Monsterolum*, était prospère, dotée, dès son origine, de belles terres et de nombreuses rentes par les seigneurs de la région qui subissaient l'élan de foi et de charité qui accompagna le grand mouvement des croisades.

SORRUS. Maladrerie de l'abbaye de Saint-Josse, au lieu dit Bugneseule. — *Domus leprosorum de Buigneseule*, 1240, (*cart. de Saint-Josse*, f° 17 v°).

TOURNEHEM. — *Aboutant à certain lieu qui fut la maladrie dudit Tournehem*, 1578, (terr. de Tournehem).

VERMELLE. — *Le Maladrerie*, 1600, (Colbert, fl., t. LXXX, f° 263 r°.)

VERQUIN. — *Parva leprosaria in scabinatu de Werking*, 1265, (*cart. de Saint Barthél.*, n° 109.)

VENDIN-LE-VIEIL. Maladrerie réunie en 1698 à l'hôpital de La Bassée.

VERTON. — *Domus leprosorum de Verton*, 1479, (av. de Merlimont.)

WABEN. — *Le Maladrie de Waben*, 1479, (*id.*) — *La Maillarderie*, 1474, (terr. hot. Dieu de Montreuil.)

WISSANT. Maladrerie de Gazevert. — *Le Maladrerie de Gaisevelt*, 1402, (Arch. nat., J. 1125, n° 28.) — *L'ospital de Gasevelt*, 1480, (terr. d'Andres, f° 30 v°.)

WITTES. Ancienne maladrerie d'Aire. — *Domus leprosorum Ariensium*, 1251, (chap. d'Aire, *carton* 1).

1. Lieu dit, commune de Sorrus. — *Bogneselve*, 1209, (ch. de Montreuil.) — *Bugnisilva*, 1224, (pièce justif., n° VII.) — *Buigneseule*, 1224, (*cart. de Saint-Josse*, f° 17 v°.)

2. Les fondations séculières et ecclésiastiques présentent cette différence que les premières, par suite du mouvement communal, furent attribuées aux communes dans lesquelles elles avaient été fondées et qui entrèrent en possession de leurs biens lorsque la lèpre disparut, tandis que les secondes gardèrent toujours leur caractère religieux et que leurs biens restèrent dans le domaine de l'abbaye fondatrice qui n'avait jamais cessé de les administrer.

En 1173, Guillaume de Montreuil donne aux pauvres lépreux sa terre du Halloy, à Campigneulles-les-Petites, l'hommage seigneurial réservé et à charge d'un cens annuel de 12 deniers parisis. Enguerran, fils du donateur, confirma l'acte, qui fut passé au domicile d'un échevin de Montreuil du nom de Robert et rédigé par un autre échevin[1]. Un premier petit domaine étant ainsi constitué, le pape Célestin III reconnut l'existence de la maison du Val, au point de vue canonique, par une bulle datée du 13 février 1197, conçue dans les termes qui suivent :

« Célestin, évêque, serviteur des serviteurs de Dieu, à « nos bien aimés fils les malades de Montreuil, salut et « bénédiction apostolique. Voyant que pour vous corriger « la main de Dieu s'est appesantie sur vous et voulant com- « pâtir à vos infirmités continuelles, à votre requête, par la « bonté du Saint-Siège apostolique et l'autorité des présentes, « nous supprimons les dîmes des animaux entretenus par « vos serviteurs à vos dépens. Que personne donc ne vienne « rompre ou enfreindre ce privilège ..... Fait à Latran, « aux ides de février, et de notre pontificat la sizième « année[2]. »

Au XIIIe siècle les libéralités se succédèrent à intervalles rapprochés.

1. V. Pièce justificative, n° I. Il est dit en outre que l'acte a été passé au temps d'Hubert, mayeur de Montreuil et des échevins Alexandre le Clerc, rédacteur de la charte, Robert Alou, Géraud de Marles, Payen de la Place ou Delplace, Evrard le Febvre, Foulques Maton, Ogine Fère, Eudes de Marles, Wautier Pharame, Raimbert Bachelier, Renaud Sancte, Evrard Huleu, Evrard le Gros, Hubert, Hugues Alou, Laurent le Petit, Baudoin Trois-Soupes, Albert de Campigneulles, et que Waudry d'Esquincourt et Guy d'Estréelles figurèrent comme témoins.

2. *Cartulaire de Montreuil* analysé par extraits, en la possession de M. le baron de Calonne, f° 65 v°, (copie communiquée par M. R. Rodière). L'exemption accordée par la bulle de Célestin III ayant plus tard été contestée par les religieux de Saint-Josse, pour une dîme de laine et d'agneaux, une sentence de l'official d'Amiens débouta l'abbaye de ses prétentions, en 1267.

En 1202, c'est Arnoul du Pen[1] qui, à la veille de partir pour la croisade, abandonne, pour le cas où il n'en reviendrait pas, quarante arpents de la terre de Domeselve[2], dont les lépreux entreront en possession après la mort de Liégardis, femme du chevalier. La terre tout entière devait leur revenir si Thomas du Pen, fils du donateur, venait à mourir. L'acte fut passé à l'hôtel de ville de Montreuil, en présence du maire, Siébaut Gaffiau, et des échevins Hugues le Sas, Géraud Pesau, Gauthier Pinghan, Foulques de Baillon, Robert Deleplace, Heudebert de Bolengel, etc.[3].

Trois ans après, Blichilde de Bloville donne à la maladrerie le terrage de la terre de Jean de Beutin et le chevalier Eustache de Waben, en qualité de seigneur dominant, assisté de Gauthier, son fils, confirme l'acte, moyennant un cens annuel de 12 deniers, affectant comme garantie tous ses biens de Montreuil et de la banlieue[4]. L'acte fut passé solennellement à Notre-Dame de Darnestal[5], par-devant Hugues le Beau, doyen de chrétienté de Montreuil; Enguerran, curé de Waben; Framery Gorleau, maître de la commune; Guy, chevalier de Morlay; Hugues de Beutin, maire de Montreuil, et les échevins Wautier Pinghan, Gérard de Villiers, Heudebert de Bolengel, Baudouin d'Hebécourt, Albert de Campigneulles, Wautier de Becquerel, Gosson de

1. Le Pen est un écart de la commune d'Ecuires.

2. Même commune.

3. Pièce justificative, n° II.

4. La banlieue de Montreuil déterminée par une charte de 1209, (arch de l'Hôtel de Ville) avait pour limites, au Nord : la paroisse de Neuville, qui faisait partie du Boulonnais; à l'Est, le bac d'Attin, la croix entre la Calotterie et Monthuis, l'épine entre Sorrus et Bugneseule; au Sud, Bloville et Brunehautpré; à l'Ouest, la Haie Fourniquet et le buisson situé entre Beaumerie et le Tanflot.

5. La plus ancienne des paroisses de Montreuil, supprimée à la Révolution. L'église partiellement reconstruite aux XIVe et XVe siècles, en 1540 et 1701 avait conservé de beaux restes romans et d'intéressantes statues.

la Porte, Robert Deleplace et Pierre le Clerc, procurateurs des lépreux, Michel le Roy, Arnould de Beaurainville, Arnould le Jeune, Arnould et Thomas de Beutin, Framery, fils de Robert de la Barre, etc.[1].

Pierre de Wailly et Hauwide, sa femme, étant entrés à la maison du Val, lui adandonnèrent, en 1207, cinquante livres parisis et un immeuble dans la paroisse de Saint-Jacques du Martroy[2] qu'ils tenaient du roi de France, au cens de quatre sous et de deux chapons. En échange, les lépreux constituaient au profit des donateurs, avec réversibilité au profit du survivant d'entre eux, une rente de deux mines de blé[3].

Une donation plus importante, qui fut l'origine de la ferme du Val actuelle, fut faite l'année suivante par-devant le maire et les échevins de Montreuil par le sire de Maintenay, avec le concours de son fils Renaud de Fromessent. La libéralité portait sur 180 arpents du Bois-Jean[4], attenants à la terre de Romont[5], et était faite à charge d'une modique somme d'argent et d'un cens féodal de cinq sous[6]. Le comte de Ponthieu, Guillaume III, approuva cette libéralité par acte du mois de décembre 1208[7] et abandonna lui-même, en 1215, sa part du Bois-Flauel, pour participer aux prières de la maison et fonder un obit anniversaire pour le repos de

1. Pièce justificative, nº III.

2. Paroisse supprimée à la Révolution ; l'église sert actuellement de brasserie.

3. *Cart. de Montreuil*, fº 70 vº.

4. Le village actuel de Boisjean occupe l'emplacement d'un ancien bois qui appartenait à l'abbaye de Longvillers. Il doit son origine aux défrichements effectués par les religieux ainsi qu'à la ferme qu'ils construisirent et autour de laquelle se groupèrent les maisons de leurs tenanciers. Le chapelain de la maladrerie de Lépine desservait Boisjean jusqu'en 1633.

5. Commune de Buire-le-Bois.

6. Pièce justificative, nº IV.

7. *Cart. de Montreuil*, fº 71.

son âme[1]. Les lépreux avaient en outre reçu, en 1212, d'Elisabeth, femme d'Alain Caperon, du consentement du seigneur de la Porte[2], une renonciation complète aux droits qu'elle eut pu invoquer pour exercer son douaire[3].

La terre de Boisjean se vit presque doublée peu de temps après, grâce à Eustache de Selles, bouteiller de Boulonnais, et à sa femme, Mahaut. La nouvelle donation ne comprenait pas moins de 130 arpents, terres et bois, tout ce que le seigneur prénommé possédait du Bois-Jean et du bois de Rouverel, à charge d'un muid de blé et d'une rente d'avoine payable à la Toussaint. L'acte fut passé par-devant Mre Foulques de Sains, doyen de chrétienté de Montreuil[4], Hugues le Beau, Enguerran, curé de Caumont; Jean, curé de Wailly; Guillaume, de Saint-Jacques du Martroy; Eustache, de Sainte-Austreberthe[5]; André, curé d'Embry; Mres Nicolas de Desvres; Wautier de Saint-Josse et Nicolas de la Commune; Pierre de Berck, Ernould Forremis, Pierre d'Embry, Framery de Saint-Josse, sire Guy et André Strabon, clercs; Géraud Préfiau, maire de Montreuil; Hugues de Beutin, Siébaut Gaffiau, Ernould de Beaurain, Henri

1. *Cart. de Montreuil*, f° 71.

2. La Porte-d'Heuchin était un fief de Montreuil, dont les seigneurs jouèrent un certain rôle dans l'histoire locale.

3. Pierre, abbé de Saint-Martin; Thiébaut, prévôt, et Evrard, chantre de la cathédrale d'Amiens, notifient que par-devant eux Elisabeth, femme d'Alain Caperon, a renoncé aux droits qu'elle réclamait aux lépreux du Val, en raison de son douaire et cela, avec l'autorisation du seigneur de la Porte. — *Mars 1211* (a. st.), *(cart. de Montreuil*, f° 71.)

4. Le doyen de chrétienté était le curé qui administrait une des divisions de l'archidiaconé de Ponthieu, au diocèse d'Amiens, qui constituait le doyenné de Montreuil, tandis que le doyen de Montreuil était le dignitaire le plus élevé du chapitre collégial de Saint-Firmin.

5. Eglise ancienne qui était située sur la place actuelle de ce nom, près de l'Hôtel-Dieu. Elle fut détruite au siège de 1537 et, de ses ruines, on ne releva que la chapelle de Saint-Jean; d'où le nom de *Saint-Jean-en-Sainte-Austreberthe* que prit la paroisse, à partir de cette époque. En 1583, Saint-Jean-en-Sainte-Austreberthe devint le secours de Saint-Wulphy (Comptes de Montreuil.)

Deleplace, Geoffroy Pialreis, Guy le Mercier, Wautier de Becquerel, Alard de Péronne, Gilles de Rumilly, Wibert de Valloires, tous échevins de Montreuil; Baudouin Delevalle, vicomte de Montreuil[1]; Pierre de Wailly, Eustache Paté, Framery Quenoillon, Aimery Gambier, Jean Walquelin, Wautier Pialrei, Quentin, Renier le Crieur; Vincent, sergent du mayeur[2]. Gilles, évêque d'Amiens, approuvait la donation, quelques jours après[3] et par sa bulle du 9 décembre 1217 le pape Honorius III, prenant sous sa protection la maison du Val, la confirmait dans tous ses droits et possessions, lui reconnaissant, comme à une personne morale, le droit d'acquérir dans l'avenir comme dans le passé[4].

En 1219, par acte du 10 novembre, l'abbé de Saint-Saulve, Amaury, abandonna à son tour, à charge d'un cens de trois deniers, une dîme et un droit de terrage à Airon-Notre-Dame[5]. Ce qui n'empêcha pas l'abbaye de réclamer ensuite aux lépreux les profits et les offrandes de leur chapelle, ainsi que la dîme du croît de leurs troupeaux. Le procès se termina, en janvier 1223, par une transaction. La maladrerie gardait les oblations et les offrandes de sa chapelle; mais quant aux dîmes des courtillages et au croît des animaux, une distinction était faite : les lépreux n'avaient rien à donner pour ce qu'ils conservaient; ils devaient, en revanche, restituer la dîme pour les produits vendus. De plus, ils s'engageaient à servir à l'abbaye, comme dédom-

1. Le vicomte de Montreuil était un officier du comte chargé de percevoir certains droits fiscaux.

2. Pièce justificative, n° V; donation du mois de juillet 1215.

3. *Cart. de Montreuil*, f° 72.

4. Pièce justificative, n° VI.

5. Cte de Marsy, *Un anc. invent. des Archives de l'Hôtel-Dieu de Montreuil*, p. 15; acte de 1219, le dimanche avant la Saint-Martin. — L'abbaye de Saint-Saulve avait le patronnage de la paroisse d'Airon-Notre-Dame. Celui de l'autre Airon appartenait à Saint-Vaast.

magement, une rente de 5 sous parisis à la Saint-Jean-Baptiste[1].

En 1224, la maladrerie acquit d'Hugues de Jumel la moitié du droit de terrage sur 80 journaux de la terre du Halloy dont elle possédait déjà, on se le rappelle, l'autre partie. Guille, femme du vendeur, approuva la vente et reçut, comme garantie de sa dot, 14 arpents de terre aux Wâtines, près du bois de Bugneseule[2]. Nos lépreux avaient aussi à cette époque des terres à Campigneulles, ainsi que le prouve un acte du mois d'août 1231, par lequel Jean de Quillen renonça à son droit de faucillage sur 28 journaux de terre situés près du bois de Campigneulles et qui leur appartenaient[3].

L'année suivante, nous voyons un preux chevalier, Guillaume, sieur de Montcavrel, approuver la donation d'une rente de deux septiers de blé, faite jadis par ses ancêtres[4] et, en 1237, par bulle en date du 25 février, le pape Grégoire IX confirmer les lépreux dans la possession de leurs vignes[5]; disposition intéressante qui prouve qu'au moyen-âge on faisait du vin dans les environs de Montreuil. Le souverain pontife défendait en outre de nouveau de lever la dîme sur les jardins, les vergers et le croît des animaux entretenus dans la maladrerie[6].

En 1239, le maître et les frères du Val achetèrent à

1. Dossier du Val, communiqué par M. le comte G. de Lhomel.

2. Pièce justificative, n° VII.

3. *Cart. de Montreuil*, f° 84.

4. Pièce justificative, n° VIII.

5. Des documents contemporains prouvent que la vigne était cultivée à cette époque dans les environs de Montreuil. Les chartes de Saint-Saulve, notamment, mentionnent à diverses reprises les vignes de l'abbaye sur les côteaux de Beaumerie et d'Ecuires. Nous avons constaté ailleurs, (*cartulaire de Saint-Barthélemy*), qu'on faisait du vin à Béthune, au XIIIe siècle. — Cf. Edmont, *Une culture disparue.*

6. Pièce justificative, n° IX.

Robert Ganes, bourgeois de Montreuil, assisté de Jean, son fils, et de Marguerite, sa femme, pour le prix de 21 livres parisis, 23 journaux de terre moins un quartier, à la Haie Becquet[1]. Marguerite, en échange de ses droits de douaire, recevait 17 journaux à Sorrus, près de la terre de Jean de Beutin, par acte passé par-devant l'official d'Amiens, Mre Jean de Chartres et le doyen de chrétienté de Montreuil, Mre Pierre Cordier[2]. En même temps, Marie, comtesse de Ponthieu et de Montreuil, notifiait que Simon, comte de Ponthieu, son mari, avait, en mourant, légué aux lépreux une rente de 20 sous parisis sur la vicomté de Montreuil, pour célébrer son obit anniversaire[3]. Hugues Caffiau, leur avait également, par acte de dernière volonté, laissé une maison dans la rue des Protelles, pour en jouir, avec ses dépendances, jusqu'au jour où son héritier voudrait la racheter, au prix de 30 livres parisis. Mahaut, veuve du testateur, reconnut cette libéralité dans une charte du mois de décembre 1248 dressée par l'official d'Amiens, Mre Jean du Val[4].

En 1250, c'est la châtelaine de Saint-Omer, Béatrix, qui confirme le bail que Jean de Beutin avait accordé pour six ans, aux lépreux. Il s'agissait du manoir du Pen, qui était tenu d'elle, en fief[5]. A l'expiration du bail, de l'assentiment de sa fille, Mahaut de Reninghes, elle en fit donation, en ajoutant 50 journaux de terre; mais à charge de 10 sous parisis de rente et de 20 sous de relief[6]. Un frère *sain* devait

1. On appelait haie, *haya*, au moyen âge, un bois de petite contenance. Telle est l'origine des écarts et lieux dits du nom de *la Haye*.

2. Pièce justificative, no X.

3. *Cart. de Montreuil*, fo 73.

4. *Id.*, fo 74 ro.

5. Acte du 13 février; (*id.*, fo 74 vo.)

6. *Id.*

être désigné comme homme vivant et mourant pour la possession du manoir et ses mutations.

Cette libéralité fut confirmée d'abord par le châtelain de Saint-Omer, Guillaume, seigneur de Fauquembergues, puis, plus tard, par Philippe de Créquy, seigneur de Wambercourt et Aelis, sa femme, qui s'engagèrent par acte du mois de juin 1295 à la faire respecter, comme suzerains[1].

De son côté, Jacques de Beutin assisté de sa femme, pour payer ses dettes, vendit à la maladrerie, 355 journaux de terre, en trois lots, à Domeselve, à Torteval, ou dans les fiefs du châtelain de Saint-Omer[2] et du chevalier Adam de Jumel, qui s'étendaient entre le bois de la Suzoie[3] et la route de Bloville à Ecuires, le tout à raison de 25 sous parisis le journal. Cela faisait un peu plus de 443 livres, somme importante pour l'époque et qui équivaut, en valeur relative, à environ 46.233 francs de notre monnaie actuelle. Jeanne, femme du vendeur, pour renoncer à ses droits de douaire, recevait 140 livres sur le prix de la vente, 27 journaux de terre entre Sorrus et le Halloy, plus un cens annuel de 25 sous parisis[4].

Les finances de la maladrerie étaient d'ailleurs si prospères qu'elles lui permirent encore d'acheter, en 1260, à un certain Révelin et à sa femme, du doux nom de Tiphaine, un pré de dix verges à la Calotterie, pour la somme de 50 livres parisis[5] et, à Raimbert de Beaumerie, vassal du sire de Nempont, un bois de 100 arpents appelé dans le pays le

1. Pièce justificative, n° XXIV.

2. Le fief du châtelain de Saint-Omer, dont il est fait mention ici, était la châtellenie de Beaurainville.

3. Ferme, commune d'Ecuires.

4. Pièce justificative, n° XI.

5. Acte du 26 février, 6e férie avant la Saint-Pierre, (*Cart. de Montreuil*, f° 82 v°).

bois-Raimbert, au prix de 27 livres parisis et à charge d'une rente d'un muid de blé[1]. Elle avait déjà un autre tènement à la Caloterie qu'elle avait acquis de Renaud du Val et qui mouvait de l'abbaye de Forest-Montiers[2].

Nous avons encore, pour les années qui suivent, à enregistrer une série d'autres acquisitions :

En janvier 1261, Enguerran de Montreuil, chevalier, seigneur de Maintenay, confirme la vente d'un hommage faite par Wautier de Nempont au Val-des-Lépreux, moyennant une redevance annuelle d'une paire de gants blancs et d'un cens de 4 deniers parisis. Cet hommage tenu de Wautier par Raimbert de Beaumerie, déjà nommé, portait sur 100 journaux de bois, sis entre le bois Dame-Dawe et le marché du Ranquet, ainsi que sur une rente d'un muid de blé que devaient les lépreux et un autre muid de méteil que l'abbaye de Longvillers avait à délivrer annuellement, pour le bois-Huré, à la grange de Romont[3]. Clémence, femme du sieur de Nempont, consentit à l'aliénation, à charge de transport de ses droits de douaire sur le fief de Mathieu le Brun de Roussent[4] et Jean de Nesles, comte de Ponthieu, de Montreuil et d'Aubemarle, assisté de Jeanne, reine de Castille et de Léon, sa femme, approuva la vente par lettres du 25 novembre 1271, en qualité de suzerain[5].

En 1266, acquisition d'Aala, fille de Baudouin Sanse, de 20 journaux de terre attenants au Quesnoy de Wailly, et

1. Pièce justificative, nº XII.

2. *1260, Août.* — Jean, abbé de Forest-Montiers, notifie que les lépreux du Val tiendront désormais de son abbaye deux tènements situés à la Caloterie, qu'ils ont acquis de Renaud du Val. *(Cart. de Montreuil,* fº 79.)

3. Pièces justificatives, nºs XIII et XIV.

4. Acte du 24 juin 1261, passé par-devant Jacques de Beauquesne, official d'Amiens.

5. Pièce justificative, nº XXI.

tenus de Wautier de Nempont, et, de Guillaume le Marois, d'une autre pièce de terre de la même contenance[1].

Baudouin de Fiennes, de l'illustre maison de ce nom, vendit, en 1270, une rente de deux muids de seigle et trois d'avoine et accensa 38 journaux de terre à Wailly, près du chemin Sanneret[2]. La vente paraît avoir été convertie en donation, à charge d'obit anniversaire, si l'on s'en rapporte aux confirmations de l'acte par Enguerran et Guillaume de Fiennes, frère et neveu de Baudouin[3]. Gilles Morlay de Campigneulles, en la même année, du consentement de Marguerite, sa femme, de Jean, son fils, et de Guillaume de Waben, son seigneur, céda, de son côté, 33 journaux attenants au bois de la bergerie du Val et traversés par le chemin de Roussent à Montreuil. Le prix était fixé à 24 livres parisis, plus une redevance censuelle annuelle de 12 deniers au profit du seigneur dominant[4].

Dans le cours des années 1275 et 1276, les lépreux reçurent de Jean de Merlimont 18 journaux de terre, à Montreuil, de l'agrément de l'abbé de Saint-Saulve[5] et rachetèrent à l'abbaye de Forest-Montiers les diverses tenances qui en mouvaient, notamment le pré Sainte-Marie, 4 journaux au Val de Sorrus, un manoir à la Calotterie, tenu au cens de 3 sous parisis, 2 chapons et 1 septier d'avoine[6]. 58 jour-

1. Pièce justificative, n° XV.

2. *Id.*, n° XVI.

3. *Id.*, n°s XVII et XVIII.

4. *23 Mai 1270.* — Acte de l'official d'Amiens notifiant que Gilles Morlay de Campigneulles et Marguerite, sa femme, du consentement de Jean, leur fils et héritier, ont vendu aux lépreux du Val, 33 journaux de terre situés à la haie de la bergerie du Val, vers Wailly, et traversés par le chemin de Roussent à Montreuil, pour le prix de 24 livres parisis *(Cart. de Montreuil)*. — Voir également la pièce justificative, n° XX.

5. Acte confirmé, en 1280, par Jean, abbé de Saint-Saulve *(Cart. de Montreuil)*.

6. *Cart. de Montreuil*, f° 67 v°.

naux mouvaient de la seigneurie de Fauquembergues[1].

L'usage, à cette époque de foi et de charité, était de laisser, en mourant, un legs aux maisons hospitalières. Baudouin de Marles, curé d'Airon-Saint-Vast, suivant cette pieuse tradition, légua au Val, par testament du mois de mai 1277, une rente de 12 livres parisis assignée sur 40 journaux sis à Montreuil, près des terres de Jacques du Camp et d'Eustache de Beutin[2]. Martin de Merlimont laissa de même aux lépreux un pré enclavé dans le domaine de l'abbaye de Saint-Josse, entre la maison de Jean de Monthuis et le chemin du Val à Beutin, à charge de donner à quatre pauvres, chaque nuit, le logement et le vivre. Pour obtenir l'agrément de l'abbaye qui ne plaisantait pas avec ses droits, le testateur fut forcé de lui constituer 20 sous 9 deniers de rente, sur 6 journaux de terre à Ecuires[3]; il léguait, en outre, à la maladrerie, 18 journaux et demi, plus un cens de 15 sous 8 deniers, en partie sur le Bois-Coquin, sur lesquels, après transaction passée en 1280, l'abbaye de Saint-Saulve fit payer une rente de 3 sous, à la Noël, et 2 sous de relief à chaque changement d' « homme vivant et mourant »[4], en vertu de sa justice vicomtière qui s'étendait sur toute la terre du Val. Ce droit de justice, d'abord contesté, fut reconnu, en 1286, par un accord passé entre le roi d'Angleterre et Aliénor, comtesse de Ponthieu et de Montreuil, d'une part, les religieux de Saint-Saulve, de l'autre. Il s'agissait de la justice sur des terres dépendant de l'enclos de l'abbaye, à Longpré, Verton, Airon, Conchy, Arry, Mon-

1. Comte de Marsy, *Un ancien Inventaire des titres de l'Hôtel-Dieu*, p. 21. Fauquembergues était un fief situé à Maintenay et tenu du comte de Ponthieu.

2. *Cart. de Montreuil*, f° 68 v°.

3. *Cart. de Saint-Josse-sur-Mer*, f° 79.

4. Pièce justificative, n° XXII. — Baudouin le Clerc, de Waben, était, à cette époque, prévôt de Montreuil.

thuis et le Val-des-Malades. Le roi retint pour lui la haute justice et abandonna à Saint-Saulve[1] la justice vicomtière[2].

Une autre contestation se termina en faveur des lépreux. Guillaume de Boufflers voulait empêcher ceux-ci de faire passer leurs troupeaux sur le chemin de Sorrus à Campigneulles; revenu à de meilleurs et plus justes sentiments il leur reconnut ce droit par lettres de mai 1288[3].

Mentionnons enfin, pour terminer cette longue et sèche énumération[4], une dernière acquisition importante faite par acte du 1er juillet 1295. Elle consistait en 120 journaux sis, en une seule pièce, à Ecuires, entre les terres du Val et le chemin de Montreuil à Maintenay. Cette terre, tenue d'Arnould le Gros, au cens annuel de 30 deniers parisis, était vendue par le seigneur de la Porte, chevalier, assisté de sa femme, qui renonçait à ses droits de douaire, moyennant 54 livres parisis[5]. Le seigneur de la Porte l'avait acquise de Robert de Roussent, par acte du mois de septembre 1286 passé en la cour de l'abbé de Saint-Saulve par-devant Enguerran et Robert Trachart, Jean Caulier, Arnould de Bloville et Robert A la Hache, hommes dudit abbé. Arnould de Boulogne, en qualité de suzerain, approuva l'aliénation, moyennant un cens de 2 sous et 6 deniers[6].

En la même année 1295, Philippe de Créquy, seigneur de Wambercourt et sa femme Aëlis avaient déclaré par un

1. Pièce justificative, nº XXIII.

2. On appelait justice vicomtière celle qui comprise entre la haute et basse justice, s'étendait sur les chemins, flégarts, lieux publics, etc.

3. *Cart. de Montreuil*, fº 81.

4. Comme nous donnons, aux pièces justificatives, la teneur *in extenso* de tous ces actes, nous nous sommes bornés ici à les analyser succinctement.

5. Lettres du doyen de Montreuil datées du vendredi aux Octaves de la Nativité de Saint-Jean-Baptiste.

6. *Cart. de Montreuil*, fº 80 vº.

acte solennel que la maladrerie était libre de toute charge, dans l'étendue de leur seigneurie, sauf pour la terre de Bloville[1].

II

ADMINISTRATION DE LA MALADRERIE A L'ORIGINE. — SA CHAPELLE. — MODE DE RÉCEPTION DES LÉPREUX. — L'ÉPREUVE DE LADRERIE. — LES MÉZEAUX.

Nous venons de voir comment s'est constitué le domaine de la maladrerie du Val, depuis son origine, jusqu'à la fin du XIIIe siècle; il est temps de dire comment était administrée cette importante maison et de quelle façon les lépreux y étaient reçus.

La maladrerie, à l'origine, était régie par un maître, *magister leprosorum*[2] élu par les frères *sains*, peut-être même par tous les frères. Hommes et femmes y vivaient en communauté, comme dans les hôtels-Dieu, avec toutefois quelques différences de règle, et portaient l'habit séculier. Le maître et les frères *sani*[3] habitaient des bâtiments particuliers; les *malsains* avaient le leur et occupaient chacun une cellule. Tous se réunissaient à la chapelle[4] pour l'office divin. Une bulle du pape Innocent IV du 16 août 1252, considérant que les

1. Pièce justificative, nº XXV.
2. Pièce justificative, nº VI.
3. Id., nº XXIV.
4. On ignore à quelle date fut construite cette chapelle, dont il ne reste aucun vestige. La bulle d'Innocent IV permet de croire que ce fut seulement au milieu du XIVe siècle.

églises publiques étaient interdites aux lépreux, avait permis à ceux-ci d'assister au Saint Sacrifice dans leur oratoire particulier, pourvu que la messe fut célébrée à voix basse, sans sonner la cloche et les portes fermées. Cette bulle est ainsi conçue :

« Innocent, évêque, serviteur des serviteurs de Dieu, à nos « bien aimés fils les maitre et frères de la maison des lépreux « de Montreuil-sur-Mer, au diocèse d'Amiens, appartenant à « Saint-Lazare-de-Jérusalem, salut et bénédiction apostolique. « Attendu que les églises ordinaires vous sont interdites, « nous vous permettons par les présentes d'entendre la messe « dans votre chapelle particulière, pourvu que les portes « soient fermées, qu'on ne sonne pas la cloche, que les « excommuniés et les interdits soient exclus et que le Saint « Sacrifice soit célébré à voix basse. Que personne n'enfreigne « ces dispositions.....

« Fait à [Latran] le 2 des calendes de septembre et de « notre pontificat la neuvième année[1] ».

Quant au mode de réception dans la maladrerie, un feuillet de garde du cueilloir de l'Hôtel-Dieu de 1464[2] nous le fait connaitre dans tous ses détails. Ces formalités étaient les mêmes qu'à Saint-Venant ; mais il existait à Montreuil un usage spécial fort curieux, qui se rattache à l'ancien culte des fontaines.

Dès qu'un individu était soupçonné atteint de lèpre, il était signalé à l'autorité échevinale qui le faisait examiner immédiatement par deux barbiers chirurgiens assermentés.

1. *Cart, de Montreuil*, f° 65. — Comte de Marsy, *Un ancien Inventaire des Chartres de Montreuil*, p. 617.

2. V. de Loisne, *le Cueilloir de l'Hôtel-Dieu de Montreuil et ses miniatures*, p. 26, *note* (Extr. des *Mémoires de la Commission des monuments historiques du Pas-de-Calais*, t. II).

Ceux-ci lui faisaient alors subir ce qu'on appelait *l'épreuve de ladrerie*[1]. A cet effet ils le conduisaient à la fontaine de Saint-Gengoult[2] et le saignaient dans une cuvette. Ce récipient après avoir été soigneusement recouvert d'une toile, était plongé dans l'eau de la fontaine, puis les barbiers soulevaient le linge et faisaient part de leurs observations à l'échevin préposé à l'opération. Le sang, après l'immersion, restait-il pur et vermeille sans présenter trace de décomposition ? le juge déchargeait le patient de l'accusation dont il était l'objet. S'il en était autrement, celui-ci était bel et bien convaincu de ladrerie et subissait les terribles conséquences de cet état[3].

Cette épreuve, bien qu'inspirée par la superstition, était moins déraisonnable qu'elle paraît. En effet, le sang altéré par la lèpre avait une tendance toute spéciale à se coaguler et formait masse dès qu'il commençait à se refroidir, après avoir été tiré de la veine[4]. On comprend dès lors que l'eau froide de la fontaine hâtant la coagula-

1. Les lépreux étaient appelés ladres, *lazari* (1127, *Rec. de Chartes*), du vocable de leur patron, le Lazare de l'évangile, qui, couvert d'ulcères, se tenait à la porte du riche. Saint Lazare, *Sanctus Lazaræus, Saint Ladre*, avait en outre donné son nom à un ordre chevaleresque, à la fois militaire et religieux, institué pour protéger et soigner les chrétiens atteints de la lèpre dans leur pèlerinage de Terre Sainte. La célèbre léproserie de Paris s'appelait *Saint-Lazare* et ce nom que portent plusieurs écarts de notre département rappelle des maladreries consacrées à ce saint.

2. Cette fontaine jaillissait dans la paroisse de Saint-Josse-au-Val ou ville basse, près d'une chapelle où étaient conservées les reliques du saint, et l'affluence des fidèles souvent y était telle qu'on avait peine à puiser de l'eau. Cette chapelle a été remplacée par le cabaret qui porte l'enseigne du *Grand Saint-Gengoult* et la statue du saint a été transportée à l'église de Saint-Josse-au-Val, où elle reçoit encore la visite de pèlerins nombreux aux approches du 11 mai. (V. Braquehay, *le Culte de Saint-Gengoult à Montreuil-sur-Mer*, Amiens, 1884, in-8°). L'auteur précité ne parle pas de l' « épreuve de ladrerie ».

3. Notes Henneguier.

4. Springel, *Hist. de la médecine*, traduct. Jourdan, t. III, p. 65 ; Paris, 1815, in-8°.

tion, facilitait l'examen des praticiens[1]. Quoi qu'il en soit de cette usage, *l'épreuve de ladrerie* subsista à Montreuil tant qu'il y eut des lépreux, c'est-à-dire, jusqu'à la fin du xve siècle.

L'individu déclaré lépreux était considéré comme mort au monde[2]. Il devenait incapable d'acquérir et même de posséder. Non-seulement, il lui était défendu, sous les peines les plus sévères, d'avoir des relations sexuelles avec des personnes saines; mais s'il était marié, son mariage était généralement considéré comme dissous[3] et l'église le soumettait aux cérémonies qui précèdent l'inhumation des défunts[4].

La justice assignait au curé d'Ecuires un jour pour célébrer le service funèbre. Le jour arrivé, le patient devait, à l'heure fixée, se présenter vêtu de ses habits ordinaires, la tête couverte d'un drap blanc qui retombait en arrière, et porter au-dessus le drap des morts. C'est dans ce funèbre

1. Lemnius employait le moyen suivant pour reconnaître la lèpre : il jetait dans l'urine de l'individu suspect de la cendre de plomb brûlé. Si elle tombait au fond du vase, c'est que l'individu était sain. Si au contraire elle surnageait, c'est qu'il était atteint de lèpre. *(De occultis naturæ miraculis,* t. II, p. 269; Francfort, 1613, in-12.)

2. « *Leprosi ab hominibus excludantur* » était devenu un axiome juridique. Le capitulaire de Charlemagne de 789 portait déjà : « *Non intermisceant leprosi alio populo* ». (Baluze, *Capitul. reg. franc.*, t. I, col. 244.)

3. Dès l'an 756, le concile de Compiègne regarde la lèpre comme une cause suffisante de dissolution du mariage et déclare que le conjoint sain pourra se remarier.

4. Dans les lieux où il n'existait pas de léproserie, on procédait différemment. L'official citait à son tribunal la personne soupçonnée de ladrerie et la faisait examiner. Si la maladie était reconnue, le dimanche suivant le clergé de la paroisse procédait à la cérémonie liturgique de la *separatio leprosorum*. (Voir sur cette cérémonie : Franklin, *l'Hygiène*, p. 97.) Elle différait sensiblement de celle que nous décrivons pour Montreuil. A Péronne, autre ville de Picardie, suivant la coutume, le lépreux était conduit au portail de l'église Sainte-Radegonde. Après l'avoir exhorté à supporter chrétiennement son mal, le curé lui interdisait « de converser et repparer avec les personnes saines, pour doubte des inconvénients, et, au surplus, en signe qu'il *estoit mort et mis hors du monde*, lui amenoit deux petits bâtons à afficher en le chimentière de la chapelle ». (Labourt, *Origine des maladreries*, p. 32, note.)

appareil qu'il sortait de chez lui, précédé de la croix de l'église et escorté de parents et d'amis, comme à un véritable enterrement. Dans sa main il tenait une petite croix de bois. Lorsqu'il était parvenu à la porte du Val, le curé accompagné de son clergé venait à sa rencontre, l'aspergeait d'eau bénite et le conduisait au cimetière, au chant du *libera mè Domine*. Puis on se rendait à l'église ; on commençait les vigiles des morts, on lisait les *commendaces* et on célébrait une messe de *requiem*, avec le luminaire usité. Pendant cette affreuse cérémonie le lépreux était agenouillé sur une petite chaise, à l'endroit même où d'ordinaire on plaçait la bière des morts et conservait son linceul et son drap mortuaire, sauf pour l'offrande, où il remettait au curé sa petite croix. Ce dernier la baisait, puis la faisait baiser au patient agenouillé. Après s'être relevé le ladre était reconduit à sa place et la famille, à son tour, allait à l'offrande.

La messe terminée, l'officiant s'avançant vers lui, récitait le *Pater Noster*, l'aspergeait d'eau bénite et, le prenant par la main, le conduisait au cimetière, où il l'invitait à choisir le lieu de sa sépulture. Là, il s'agenouillait de nouveau et on jetait sur lui un peu de terre à trois reprises différentes. A ce moment l'autorité judiciaire intervenait pour faire prêter le serment requis [1], puis le curé conduisait

1. Nous ignorons quel était ce serment ; mais il devait consister à jurer de ne jamais quitter la maladrerie et de garder obéissance à sa règle.

Dans les localités où il n'y avait pas de léproserie, le prêtre, après avoir terminé la cérémonie, disait au lépreux :

« Je te défens de jamais entrer en église ou moustier, en moulin, en four, en marché, en aucun lieu où il y ait affluence de peuple.

Je te défends de marcher pieds nus et de sortir de ta maison sans ton habit de ladre et tes cliquettes.

Je te défends de ne jamais laver ni toi, ni les objets à ton usage, en rivage, ni en fontaine, ni en ruisseau. Si tu veux de l'eau pour boire, remplis ton baril avec ton écuelle.

Je te défends de toucher aucune chose que tu marchandes jusqu'à ce qu'elle soit tienne.

le lépreux à la maladrerie pour renouveler le simulacre de l'enterrement. Arrivé au lieu où il devait vivre, à jamais retranché du monde, il s'agenouillait de nouveau devant la porte ; on refermait celle-ci sur lui et le curé qui avec le clergé était resté dehors, jetait de nouveau, à trois reprises différentes, de la terre sur le seuil, en chantant : *de terra plasmasti me.* Enfin, pour terminer cette cérémonie macabre, le malheureux était invité à demander pardon de ses fautes et à prendre courage dans cette consolante pensée que Jésus-Christ avait, à plusieurs reprises, revêtu la forme d'un lépreux [1].

Une fois à la maison du Val, pour qui s'ouvrait leur succession [2], les frères malsains n'en pouvaient plus sortir qu'avec la permission du maître et des échevins. S'ils étaient autorisés à venir en ville, à la maison du *Bras-d'or,* qui

Je te défends que tu entres en taverne. Si tu veux du vin, fais le entonner en ton baril.

Je te défends si aucune personne te parle par les chemins, de lui répondre avant de t'être mis au-dessous du vent.

Je te défends de passer par chemins étroits.

Je te défends de toucher au puits ni à la corde, si tu n'as pas mis tes gants.

Je te défends de toucher à enfants, et tu ne dois leur donner aucune chose.

Je te défends de boire ou de manger en autre compagnie que celle de gens lépreux comme toi.

Je te rappelle que quand tu mourras, ton corps sera enseveli dans ta cabane et non au cimetière. (Franklin, *op. cit.*, p. 101). — Cf. Martène, *De Antiquis ecclesiæ retibus,* t. II, p. 1005. Salètes, *la Lèpre dans l'antiquité et au moyen-âge,* p. 39.

1. Pièce justificative, n° XXVIII. Une miniature du *Cueilloir de l'Hôtel-Dieu de Montreuil,* de 1477, représente cette apparition de Jésus-Christ sous la forme d'un lépreux, à l'article Beaumerie (f° 88). On trouvera le récit de la légende dans la vie de saint Etbin, insérée par M. de la Borderie dans son *Cartulaire de Landevenec* (p. 137-141), et dans les *Corps Saints de Montreuil-sur-Mer,* de M. Roger Rodière, p. 79 et 80 ; *Montreuil-sur-Mer,* 1902, in-8°. — (Cf. de Loisne, *le Cueilloir de l'Hôtel-Dieu de Montreuil et ses miniatures,* p. 22, fig. 5.)

2. « Ou le bette moeurt, on l'escorche », porte le *Cueilloir de l'Hôtel-Dieu,* qui attribue aussi à la maison les biens des malades hospitalisés, morts intestats (*Cueilloir de l'Hôtel-Dieu* de 1477, f° 52 r° ; *op. cit.*, p. 18).

appartenait à la maladrerie, ils devaient suivre, pour s'y rendre, le sentier qui reliait le Val à Montreuil, sentier qui existe encore et qu'on appelait le sentier du *Bras-d'or*, parce qu'un bras de bois doré fixé de distance en distance à un poteau prévenait le public que le chemin était réservé aux hôtes de la maladrerie et qu'il fallait éviter de le prendre pour fuir la contagion.

Un barbier spécial était attaché au Val; ses confrères de de la ville ne pouvaient, sous peine d'interdiction de leur métier et de confiscation de leurs outils, saigner ou raser les lépreux et mézeaux [1]. On faisait périodiquement aux premiers des incisions sur la peau qui les faisaient souffrir, mais n'amenaient pas la guérison. Comme nous l'avons dit, ils étaient séquestrés; les marchands de la ville ne pouvaient vendre qu'aux frères sains; plus tard seulement aux *mézels*, mais uniquement à certains jours et en prenant diverses précautions.

Il y avait lieu, en effet, à Montreuil tout au moins, de distinguer les mézeaux [2] des lépreux. Ceux-ci n'étaient pas reclus comme ces derniers [3]; mais plus malheureux encore,

1. « Que aucun barbier ne saignent mézel ny mézelle, sous peine d'estre desmis de leur mestier et de perdre tous leurs outils » (Bans de l'échevinage de Montreuil, 1419-1519).

2. Les chroniqueurs des XIIe et XIIIe siècles désignent souvent les lépreux du nom de *mesels, mezels, meseaus, mésiaux*. Barbazan pense toutefois que les deux termes sont différents et que les maladies ont été confondues à tort. A l'origine, au moins, la mézellerie était distincte de la ladrerie : « mesel se poeut marier. L'en dit ci que celle qui est forçable à eschever le mariage, se si mari devient mesel entre temps qu'il fust fiancé ». (Bibl. nat., *ms. fr.* 8407). La ladrerie et la mézellerie n'étaient toutefois que des manifestations différentes d'une même maladie contagieuse qui ressemblait beaucoup à la siphylis, maladie qui se développera au moment même où la lèpre tendra à disparaître ou plutôt à se confondre avec elle. (Dupouy, *le Moyen-âge médical*, p. 97; Paris 1888, in-12).

3. Une ordonnance de 1322 portait que les lépreux seraient enfermés à perpétuité (Isambert, *Anc. lois franç.*, t. III, p. 502); une autre de mai 1413 leur défendait d'aller et de venir dans les villes (*id.*, t. VII, p. 385).

ils vivaient au milieu d'outrages de toute espèce que la séquestration au moins épargnait aux premiers[1].

D'abord, comme signe distinctif, ils portaient une patte d'oie ou plus communément une *rouelle* de drap rouge sur la poitrine ou sur l'épaule[2]. Ils passaient de plus pour fourbes, adonnés à des vices honteux et même quelquefois pour sorciers, accusation qui se basait sur leurs rapports avec les Bohémiens, terreur du pays à cette époque[3]. Ces mézeaux descendaient, croyait-on, d'anciennes familles de lépreux contaminées avant l'usage de l'internement dans les maladreries. Ils étaient réputés porter à la langue et aux oreilles[4] les signes de leur tare originelle et étaient placés sous la surveillance du *roi des ribauds*[5], dont la juridiction s'étendait à la fois sur les *femmes folles*[6], les *canteraines*, les

1. Pour être reçu bourgeois de Calais, il fallait n'être ni issu, ni descendant « d'aucuns qui ayent été entachés de maladie de lèpre » (Richebourg, *Grand coutumier*, coutumes de la ville et banlieue de Calais, t. I, p. 18). — A Béthune, les *mézeaux* ne pouvaient entrer dans la ville qu'aux quatre grandes fêtes de l'année (aux quatre nataux) ; s'ils y venaient en autre temps, tout ce qu'ils avaient sur eux était confisqué au profit du roi des ribauds (DE LOISNE, *Ban des échevins de Béthune de 1350*, p. 9 ; extr. du bullet. histor. du minist. de l'instruct. publ., année 1902).

2. Les mézeaux portaient à Paris et généralement en France un manteau gris, un chapeau à larges bords et une besace. On leur donnait en outre une tartavelle ou bien une sonnette pour prévenir les passants, ainsi qu'un petit baril et une écuelle (Dupouy, p. 91).

3. Les mômeries des Bohémiens les faisaient considérer comme sorciers. A leur approche on enfermait les enfants, parce que souvent ils les volaient. De plus, on croyait que leur simple regard sur un berceau avait pour effet de jeter un mauvais sort à l'enfant.

4. De là le geste de mépris consistant à tirer la langue ou à montrer le revers de son oreille. Cela revenait à traiter son interlocuteur de mézeau.

5. Ce magistrat, qui à l'origine était un respectable bourgeois chargé de veiller au maintien de l'ordre et des bonnes mœurs — parfois même un ecclésiastique, — devint par la suite un chef de bouffons et de débauchés.

6. La ville de Montreuil avait anciennement une rue spécialement affectée aux prostituées, *la rue des Bordeaulx*. C'est là qu'elles habitaient ; mais on ne leur permettait pas d'y exercer leur honteux métier. Elles se rendaient pour cela dans des huttes construites aux embranchements des chemins, où elles sollicitaient la visite des passants, et elles devaient rentrer en ville à la chute du jour, sans sortir de leur logement et y recevoir quelqu'un.

mézeaux, les vagabonds et toute la population suspecte. On les appelait, dans le pays, *ladres blancs*[1] ou *malsains;* peut-être n'étaient-ils que malpropres et atteints des maladies qu'entraîne la malpropreté. Ils n'avaient pas d'état-civil, et, exempts de contributions de toute espèce, ils vivaient misérablement de la charité publique.

A Montreuil, ils quêtaient les mercredis et vendredis de chaque semaine, jours qui leur étaient exclusivement réservés, et recevaient les aumônes dans une écuelle de bois suspendue à un long bâton, après avoir eu soin de s'annoncer à l'aide d'une cliquette formée par deux côtes de bœuf[2] « affin que par leur son bruyant les voisins qui oyront cela soyent advertis de s'escarter et tenir loin du chemin, de l'air ou souffle de ces pauvres gens là, en leur faisant place »[3]. De même, pour demander leur nourriture ils tendaient un bâton pointu auquel on piquait les aliments grossiers qu'on leur abandonnait. Les habitants étaient tenus, à peine d'amende de les empêcher d'entrer dans les maisons et d'interdire à leurs enfants de jouer avec les leurs[4]. En général ils n'exerçaient pas de métier, car ils n'en n'eussent pas trouvé l'emploi; toutefois des fragments de comptes de l'argentier de Montreuil citent un *mézel* comme écorcheur de bêtes et un autre comme employé à vider le guichet d'aisance[5].

Ces mézeaux habitaient le bas du quartier de *la Garenne*, le plus malsain de la ville, qui dépendait de la paroisse de

1. Notes Henneguier.

2. Id. — Dans les autres provinces les cliquettes étaient de bois.

3. G. des Innocents, *Examen des éléphantiques ou lépreux*, p. 18. Une miniature du *miroir historial*, manuscrit du XIIIe siècle (Bibl. de l'arsenal, no 5060), représente un *mézel* tenant une écuelle, d'une main, et agitant de l'autre sa cliquette.

4. Notes Henneguier.

5. Id.

Saint-Wulphy[1]. Ils avaient dans l'église une place particulière et un petit clerc leur présentait l'eau bénite au bout d'un bâton. On ne leur donnait la *paix* à baiser qu'aux enterrements des leurs, non avec la patène, mais avec une croix de bois et on ne leur distribuait pas de pain bénit. Ils étaient également séparés des autres fidèles dans le cimetière qui entourait l'église, où leur place était indiquée par un buisson de houx. Leur tombe ne recevait pas de croix.

Personne, pour entrer à Saint-Wulphy, n'eut voulu passer par la porte des mézeaux. C'est en vain qu'un jour de fête patronale, pour détruire le préjugé, l'évêque d'Amiens qui officiait dans l'église, entra et sortit par la porte suspecte, suivi de tout son clergé, et que le lendemain il fit graver sur l'imposte cette belle maxime : *Absit gloriari, nisi in cruce Domini*, les fidèles continuèrent à refuser de franchir la porte jusqu'à ce que la peste de 1596 qui dépeupla le quartier de la garenne[2], eut pour ainsi dire supprimé les mézeaux. Un seul d'entre eux, dit-on, survécut et à partir de cette époque ils cessèrent d'exister comme caste, à Montreuil.

1. Ancienne paroisse de Montreuil qui s'étendait vers Saint-Martin-d'Esquincourt et qui comprenait la plus grande partie du quartier populeux et commerçant, qui depuis la peste de 1596, a fait place à un lieu désert qu'on appelle *la Garenne*. Détruite au siège de Montreuil de 1537 et reconstruite en même temps que Notre-Dame, l'Hôtel-Dieu et Saint-Josse-au-Val, l'église de Saint-Wulphy est devenue celle des Carmes et servait, il y a quelques années, de magasin. C'est actuellement une école de dessin.

2. En 1596, une peste épouvantable fut importée, croit-on, de Calais, par des ballots de laine envoyés aux drapiers qui habitaient la paroisse Saint-Wulphy. Tous les habitants de ce quartier commerçant en furent victimes, sauf un seul, du nom de Martin Becquelin. La Garenne a été séparée de la ville de Montreuil en 1630 et tout ce qui restait de la paroisse Saint-Wulphy fut réuni à Saint-Walloy. Un titre de 1599 porte union, en faveur des carmes de Montreuil, de l'ancienne église, ainsi que des rentes et droits qui y étaient attachés (Notes Henneguier).

III

L'administration du Val passe aux échevins de Montreuil. — Contestations et procès. — État des revenus et des charges de la maladrerie au XVIe siècle. — Celle-ci est affermée et l'échevinage s'en approprie les revenus.

Revenons au Val. Dès la fin du XIIIe siècle, les mayeurs et échevins de Montreuil s'immiscèrent petit à petit dans les affaires de la maison et, au commencement du siècle suivant, ils en étaient les maîtres.

Jean de Cherchemont, évêque d'Amiens, se plaignit au roi de cette usurpation : « les lépreux, disait-il, n'étaient pas anciennement soumis à la juridiction des échevins ; ils s'administraient eux-mêmes, sous la direction d'un maître élu, portaient un vêtement spécial et étaient soumis à une règle. C'est au mépris de leurs droits et de leurs privilèges que les échevins les ont chassés de leur maison pour les placer dans l'intérieur de la ville et les forcer à prendre l'habit séculier. Bien plus, ceux-ci se sont emparés de leurs biens, pourvoyant à peine à leur subsistance et à celle des frères sains, employant suivant leur caprice et contrairement aux intentions des donateurs, des revenus qui s'élèvaient à près de deux mille livres par an ! »

Le mayeur et les échevins répliquaient que la maladrerie était tenue à cens et à rente de l'abbaye de Saint-Saulve, qu'elle était située dans les limites du district seigneurial de cette abbaye et qu'elle dépendait du comté de Ponthieu ; que c'était un bourgeois de Montreuil qui servait d'homme vivant et mourant, des bourgeois de Montreuil également, éprouvés du « mal Saint Ladre », qui étaient reclus dans la maison et qu'ils se vêtissaient d'habits séculiers, suivant leur caprice et leurs ressources. Ils ajoutaient qu'ils avaient le droit d'hospitaliser au Val les bourgeois non malades qui, après des revers de fortune, étaient « tombés en pauvreté », comme celui d'y nommer le chapelain chargé de pourvoir au service divin ; que des commissaires désignés par eux recevaient chaque année, soit à la halle, soit à la maison du Val, les comptes du maître de la maladrerie ; qu'ils avaient le droit de changer les lépreux de local quand il leur plaisait et que, comme conclusion, ils étaient parfaitement tranquilles sur le sort des doléances de l'évêque, parce qu'elles n'avaient aucun fondement.

Le roi Charles IV, devant ces dires contradictoires prescrivit une enquête. Celle-ci eut lieu le 19 mai 1327, mardi après l'Ascension et, comme elle fut défavorable au prélat, le bailli d'Amiens, André de Charolles, par sentence du 22 suivant, donna gain de cause à l'échevinage[1], qui confirmé dans le droit d'administrer la maladrerie, conserva cette administration jusqu'à la réunion de celle-ci à l'ordre de Notre-Dame du Montcarmel et de Saint-Lazare.

Désormais, ce n'est plus un maître élu par les frères qui dirige la maison ; ce sont deux échevins désignés par le corps municipal. Chaque semaine ils rendent compte de leur gestion à leurs collègues et, à la fin de l'année, un compte général est établi.

En 1357, nous voyons Mathieu de Beaucauroy et Mathieu Nazart, administrateurs du Val, nommés par le mayeur et les échevins, faire condamner un certain Jean Cointrel à leur payer annuellement 10 sous parisis et quatre poules

1. Pièce justificative, nº XXVI.

pour un fief qu'il tenait de la maladrerie, à Montreuil [1], et, en 1366, c'est également au mayeur et aux échevins que s'adressent les moines de Saint-Saulve, pour réclamer aux administrateurs de la maladrerie, la dîme des bêtes à l'étable, en vertu d'un droit de patronage dont le ressort s'étendait jusqu'aux bâtiments mêmes de la maladrerie. Les échevins s'inclinèrent et s'engagèrent à payer cinq sous par an pour la dîme des légumes consommés dans la maison, les offrandes de la chapelle, la dîme du croit des bêtes possédées par les serviteurs, c'est-à-dire de celles qui n'étaient pas nourries dans les étables de la maison [2].

Quant au mode de réception dans la maladrerie, il continua à être le même pour les bourgeois de Montreuil. S'il s'agissait d'un étranger ou d'un habitant non bourgeois [3], on le chassait de la ville et il n'y pouvait rentrer qu'à certains jours et à heures fixes, pour solliciter l'obole des passants. Toutefois si le *forain* avait quelque fortune, on consentait à le recevoir, à condition d'abandonner à la maison, tout ce qu'il avait. Les autres erraient par les chemins, se formaient en bandes, devenaient des malfaiteurs en s'habituant à vivre de rapines.

Rien d'important à signaler au Val, dans le cours du XVe siècle. Une nouvelle contestation s'était bien élevée, en 1451, entre les lépreux — ou plutôt entre leurs exploiteurs — et l'abbaye de Longvillers, au sujet d'une pièce d'avoine de 29 mesures que les tenanciers de la maladrerie avaient ensemencée et dont les moines avaient emporté la récolte. Chacun prétendait être propriétaire du champ : le mayeur

1. *Cart. de Montreuil*, fo 85 vo.

2. *Id.*

3. On sait que pour être bourgeois d'une ville, il fallait y avoir acquis le droit de bourgeoisie qui conférait des privilèges importants ; mais ne s'acquérait qu'à certaines conditions.

et les échevins, comme dépendance du Val; les religieux, comme celle de leur ferme de Boisjean. L'affaire fut portée devant Jean Nazard, sieur d'Estréelles, lieutenant général du bailli d'Amiens à Montreuil[1], par Jean de Gomberville, comme procureur du couvent et Nicolas le Brun, pour l'échevinage[2], et se termina par un arbitrage rendu par Jean de Bours, Jean de Pardieu, Guillaume le Rat et Jean Danel. Ceux-ci déclarèrent que les moines avaient droit à 4 journaux le long du chemin Saumey, listant aux terres de leur ferme et à celle de Payen de Caumesnil. Ils adjugèrent le reste aux mayeur et échevins. Ces derniers obtenaient de plus 20 livres de dommages et intérêts payables, un tiers à la Noël, un autre à la Saint-Jean-Baptiste et le reste à la Saint-Rémy[3].

L'échevinage eut, en 1498, à soutenir un autre procès que lui intenta le seigneur de Nempont, Raoul de Bernastre, devant le bailli de Waben. Il s'agissait d'arbres abattus par ordre des échevins, André d'Avesne et Jean le Vasseur, administrateurs de la maladrerie. Ces arbres avaient crû dans la haie du bois de Ferfeu qui dépendait du domaine du Val et le seigneur de Nempont prétendait qu'ils lui appartenaient en qualité de seigneur dominant. Il réclamait de plus 44 mesures et quelques verges occupées indûment, disait-il, par les frères de la maladrerie.

Sur ces entrefaites, Raoul de Bernastre vint à mourir et Jean de Miennay, son neveu et héritier, pour éviter les frais et les ennuis d'un procès, s'empressa de transiger avec la

1. Il n'y avait pas de bailli à Montreuil; mais un lieutenant général du bailli d'Amiens qui rendait la justice au nom de ce dernier. L'expression de bailliage de Montreuil souvent employée pour désigner le ressort sur lequel s'exerçait la juridiction de ce lieutenant général, est donc impropre.

2. *Cart. de Montreuil*, f° 86 v°.

3. Pièce justificative, n° XXVII.

ville. Il fut convenu que les échevins conserveraient la pièce de terre litigieuse; mais à charge de servir une rente de 4 livres 20 sous et de payer en plus un droit de relief de 4 livres, à chaque changement d'homme vivant et mourant. Guillaume, fils de Nicolas de Bours, fut désigné comme tel[1].

Dès le XVIe siècle, la lèpre avait presque complètement disparu à Montreuil[2]; il n'y avait plus au Val que quelques malades dont le caractère du mal était douteux. Parfois même on y hospitalisait des pestiférés[3]. Fort d'un arrêt du 18 juin 1543, l'échevinage administrait la maladrerie comme son bien propre[4] et l'argentier de la ville établissait chaque année un compte des recettes et des dépenses de la maison.

Ces comptes, dont l'un, celui de Louis le Vallois, figure à nos pièces justificatives[5], allaient de la Saint-Simon (28 octobre) d'une année à l'autre. La recette comprenait les rentes et les cens, les revenus des prés, des bois et des moulins[6],

1. *Cart. de Montreuil*, f° 87; acte du 14 septembre 1498.

2. Les médecins pensent que la lèpre, à cette époque, s'est simplement transformée; la syphilis ayant commencé ses ravages, au moment même où celle-ci diminuait les siens. (Sprengel, *Hist. de la médecine*, trad. Jourdan, t. III, p. 66.)

Cette modification de la ladrerie se fit progressivement par l'intermédiaire de ses agents les plus ordinaires de transmission, par celui des *ribaudes* ou *filles de joie* qui éludaient les règlements relatifs aux lépreux. En 1543 une ordonnance de François Ier sur le rétablissement des léproseries resta sans effet; il n'y avait plus que des individus atteints du *mal de Naples* ou *mal français*, c'est-à-dire de maladies vénériennes (Cf. Dupouy, *op. cit.*, p. 3). C'était le mal que les Espagnols avaient rapporté d'Amérique.

3. « A Bonnette de Pontigny, estant malade de la peste ..... XX s. par. », porte le compte de 1547.

4. Un arrêt du grand conseil du 18 juin 1543, rendu sur appel d'une sentence du lieutenant général du bailli d'Amiens à Montreuil en faveur d'un certain Nicolas d'Annebaut, proclama que l'administration de la maladrerie appartenait exclusivement au mayeur et aux échevins. (V. la pièce justificative, n° XXXII).

5. Pièce justificative, n° XXIX.

6. La maison du Val possédait des moulins appelés moulins Fromantel. Ils s'affermaient pour douze setiers de froment de rente, avec charge de les reconstruire, en cas de besoin et de donner caution (note communiquée par M. Rodière). Un de ces moulins fut démoli pour l'établissement des fortifications et la construction des moulins du roi, sur la Canche (notes Henneguier).

les droits sur l'aunage des draps, dont le produit appartenait, moitié à la ville et moitié à la maladrerie[1].

Ce chapitre, pour l'année 1547, s'élève à IIII ^{xx} XII ^{l}, XVI ^{s}, VI ^{d}, IX chapons, XI gélines et II poussins (poulets), somme à laquelle s'ajoutent les 21 livres du produit des moulins et les 73 sous du mesurage des draps.

La dépense comprenait les messes pour les malades décédés[2], les frais de publication pour l'adjudication des coupes, l'entretien des bâtiments, les frais d'aménagement des bois, *etc.*

Voici, comme supplément d'information, quels étaient à cette époque les biens et les revenus de la maison du Val, d'après un état[3] fourni par le mayeur de Montreuil, François d'Ostrel, au sénéchal de Ponthieu, en exécution des lettres patentes du 21 septembre 1547[4] :

Cens et rentes dus à la maladrerie : XX ^{l}, XIIII ^{s}, VI ^{d}.

Terres à labour du Val « baillées à cens et à rente, à homme vivant et mourant » : CLX livres, plus toutes les charges.

Bois taillis ; coupe annuelle : 20 à 21 mesures, donnant un produit moyen de 140 à 160 livres, plus l'approvisionnement de chauffage de l'hôtel de ville.

A noter toutefois que par suite du siège de Montreuil par

1. En 1561-1562, Jérôme Sauvart avait la ferme de l'aunage des draps, comme adjudicataire des droits perçus pour cet aunage, pour la somme de XVII ^{s} VI ^{d} parisis. En 1574-1575, les bois rapportèrent LII ^{l} VII ^{s} VI ^{d} parisis et l'aunage des draps, 1550 ^{l} tournois. — En 1602-1603, le même aunage ne donna plus que VII livres (Arch. de l'Hôtel-Dieu, B. 35, *case* 5).

2. Honoraires du prêtre pour la messe : II ^{s} VI ^{d}.

3. Pièce justificative, nº XXX.

4. En 1545, le roi François Ier avait prescrit de réviser les privilèges des maladreries, de spécifier le nombre des lépreux qui y étaient entretenus, de ne soigner que les véritables ladres dans ces établissements et de verser l'excédent des revenus entre les mains du grand aumônier de France (Delamare, *Traité de la police*, p. 530 ; Amsterdam, 1729, in-fº). Les lettres patentes de 1547 avaient pour but d'obtenir les renseignements nécessaires pour l'exécution de cette ordonnance.

les Anglais et les Bourguignons, en 1544[1], le produit de la vente des coupes des années 1545, 1546 et 1547 descendit à 54 livres parisis.

Rentes et menues censives dans la ville et la banlieue : 69 livres, 11 chapons, 10 poules et 2 poulets.

Rente de 10 setiers de blé de mouture payable à Montreuil, à la Saint-Martin.

Les charges étaient :

2 muids de seigle de rente et autant d'avoine à M. de Clenleu ; 1 muid de seigle et 1 autre d'avoine au sieur de Tourteauville ; 3 muids de seigle au sieur de Colomby ; 1 muid de la même denrée à un certain sieur Poulet ; 1 muid d'avoine aux religieux de Saint-Saulve ; 17 setiers de seigle à l'Hôtel-Dieu de Montreuil[2] et à l'hôpital de Notre-Dame[3], moitié à chacun ; 1 setier de pois blancs à l'abbaye de

1. Pour la troisième fois, en moins de vingt ans, Montreuil fut assiégé par les armées combinées de Nortfolk, Russel et Buren. Le maréchal du Biez les tint en échec pendant trois mois et permit ainsi aux troupes du dauphin d'arriver à temps pour faire lever le siège. Mais on peut penser ce que le Val et les environs de Montreuil eurent à souffrir de l'occupation et du passage continuel des troupes. Tout le pays entre Boulogne et Montreuil, dit de Serres, « estoit brousté, gasté, bruslé jusques à Monstruel et de Monstruel à Abbeville, en tout dix-sept lieues. Point d'herbe, point de fourrages pour les chevaulx. » (Cité par Braquehay, *Hist. de l'Hôtel-Dieu*, p. 99). En 1538, par lettres du 23 septembre, le duc de Vendôme, gouverneur et lieutenant général pour le roi ès pays de Picardie et d'Artois, avait accordé aux habitants du Val des lettres de sauvegarde pour aller faire le guet aux portes de Montreuil (pièce justificative, nº XXXII). Les pertes éprouvées par la maladrerie pendant le siége de 1537 avaient déjà été considérables.

2. Pour tout ce qui concerne l'Hôtel-Dieu, voir l'histoire de cet établissement par Braquehay.

3. *Cueilloir de l'Hôtel-Dieu de 1477*, fº 86 vº (de Loisne, *Notice*, p. 22). — L'hôpital de Notre-Dame avait été fondé au milieu du XIVᵉ siècle par l'échevinage de Montreuil et était situé rue de la Chaîne (anciennement rue du Chêne-Notre-Dame), derrière l'ancien hôtel de ville. Il servait d'hôtellerie aux vieillards de la ville et aux pèlerins qui la traversaient. Il eut beaucoup à souffrir pendant les siéges de 1537 et 1544, si bien qu'à cette dernière date il paraît avoir été abandonné aux carmes qui y séjournèrent jusqu'en 1598. Il servit ensuite de caserne de gendarmerie, puis d'école (Braquehay, *Hospices de Saint-Julien-le-Pauvre, Notre-Dame et Saint-Jacques du Martroy*).

Saint-Josse-sur-Mer. Cette dernière rente faisait partie du fief de Vame qui fut aliéné par les religieux au commencement du XVIIe siècle[1]. De plus les gages du chapelain qui disait la messe au Val tous les matins, s'élevaient à XX[l], II[s] VI[d] parisis et celui-ci recevait en outre 6 setiers de seigle.

Toutes ces charges, en 1547, durent être acquittées par la ville, de ses propres deniers; car le séjour des armées ennemies dans les environs de Montreuil, pendant le siège précédent, avait laissé partout la ruine et la désolation. Au Val, notamment « les terres estoient demeurez à riez et le censier contraint à abandonner ladicte maison, laquelle a été desmolie et est en grande ruine, tellement que depuis ladicte année quarante-quatre, les mises[2] qu'il a fallu faire, tant pour rédiffication et entretènement d'icelle, que pour les renvoys[3] qu'il a convenu payer, ont excédé les receptes de grandes sommes de deniers qui peuvent avoir monté à la somme de mil à douze cens livres[4] ».

Assignés, en 1569, par Antoine Chinot, lieutenant général de la sénéchaussée de Boulonnais, en paiement de douze années d'arrérages de 6 muids de blé que la maison du Val lui devait depuis la Saint-Rémy 1563, les mayeur et échevins invoquèrent comme exception de force majeure que « pendant lesdictes années ils n'avaient pas profité de ladite maison, ainz estoit demeurée à rietz et en friche et du tout inhabitée, tant au moyen des guerres quy ont eu cours en

1. L'abbaye de Saint-Josse l'aliéna au profit du sieur Charles Martel, par adjudication du 23 septembre 1602 et, par contrat du 2 septembre 1630, le fils de cet adjudicataire le revendit à Me Jean Potier, sieur de la Hestroye. Celui-ci, par acte du 10 mai 1653 passé par-devant Me Patté, notaire à Montreuil, donna au petit hôpital de Montreuil ou hôpital des orphelins, le setier de pois que devait la ferme du Val (Dossier du Val).

2. Débours.

3. Redevances, rentes.

4. Soit 24 à 26.000 francs en valeur relative de notre monnaie actuelle.

ce pays, pendant lesquelles la plus grande partie desdits arrérages sont escheuz, que des deppens, l'on ne trouvoit my à rebailler ladicte maison ou pour en faire le proffict de ladicte ville ». Le sieur Chinot, en considération de ces pertes, se contenta d'une somme de 140 livres, à titre de dédommagement[1].

Quant au droit de franc fief, la maladrerie en était affranchie, en vertu d'anciennes lettres d'amortissement. Les commissaires du Roi « sur le faict des francs fiez et nouveaux acquetz » l'avaient reconnu en 1527 et un arrêt du conseil l'avait proclamé en 1543[2].

Dès l'année 1447 le manoir du Pen, qui, nous le savons, avait été donné jadis aux lépreux et qui contenait 71 mesures, 20 verges, était baillé à rente pour le prix de 118 sous, 4 deniers parisis et 60 sous de relief[3]. La terre du Val, de son côté, fut affermée dès le commencement du XVIe siècle[4]. De lépreux, il n'y en avait plus dans la maladrerie depuis longtemps. Si, à de rares intervalles, il s'en présentait un aux échevins pour se faire hospitaliser, on le plaçait le plus souvent dans une petite maison de la ville située près de la porte du marché[5]. C'était vraisemblablement celle où jadis les frères malsains, quand ils étaient autorisés à sortir, se rendaient par le sentier du Bras d'or.

D'ailleurs la lèpre n'inspirait plus de terreur, à cette époque, et ceux qui en étaient atteints n'étaient plus sequestrés.

1. Minutes du notaire de Hêghes ; communication de M. Rodière.

2. Pièce justificative, n° XXXII.

3. Bail du 12 novembre 1447, au profit de Baudouin Galbart. (Dossier du Val).

4. Nous analyserons, dans le dernier chapitre, les baux de la terre du Val ; nous y renvoyons le lecteur.

5. *10 mai 1568.* — Bail à rente par Guillaume Duval d'une maison et jardin séant hors de la porte du marché tenant « d'aultre côté à la maison et demeure des lépreux de cette ville ».

En 1571 nous voyons une « pauvre lespreuse », Jeanne Pillet, veuve de Noël de Roussent, de Montreuil, vendre à un certain Florimond Leleu une maison sur le marché à pourceaux, en se réservant une chambre, sa vie durant, et à charge pour l'acheteur de lui fournir « feu et eau et luy acheter pain et bière à sa nécessité, baillant néanmoins par icelle vendresse, argent pendant sa vie, avec de par iceulx achepteurs de servir ladite vendresse de ce qu'elle aura besoin »[1].

Une personne atteinte de la lèpre, si toutefois le mal de Jeanne Pillet était la lèpre proprement dite, pouvait donc continuer à habiter une maison particulière et les échevins ne paraissaient pas s'en préoccuper. Un arrêt du Conseil d'Etat du 2 janvier 1585[2] vint pourtant leur rappeler que les revenus de la maladrerie avaient une autre destination que celle que leur assignait leur bon plaisir. Il y avait de plus toujours un chapelain au Val ; André de Sains, précepteur des écoles latines de la ville, ayant embrassé l'état ecclésiastique, fut nommé à ces fonctions le 12 février 1599, par le mayeur et les échevins, et assista, en cette qualité, à l'assemblée des trois états de la ville, le 23 juin 1621[3].

1. Acte du 7 juin 1571 (minutes des notaires Allain et Allard).

2. Arch. nat., Z 1 N, f° 1061. — Cet arrêt condamnait Jean Moullart, administrateur de la maladrerie, et les échevins de Montreuil à payer aux lépreux qui existaient encore dans la ville, une pension sur les revenus de la maladrerie du Val.

3. Notes Henneguier.

IV

VICISSITUDES DE LA FERME DU VAL DANS LE COURS DU XVIIe SIÈCLE. — RÉTABLISSEMENT DE L'ORDRE DE NOTRE-DAME DU MONT-CARMEL ET DE SAINT-LAZARE. — LE VAL EST ATTRIBUÉ A CET ORDRE ET EST ÉRIGÉ EN COMMANDERIE. — RECONSTRUCTION DE LA CHAPELLE. — RÉUNION DE LA MALADRERIE A L'HÔTEL-DIEU DE MONTREUIL.

En 1606, faute de lépreux, on supprima officiellement les léproseries[1]. Déjà, en 1583, Bertrand de la Guyonne s'était fait donner, comme bien sans maître, la maladrerie du Val; mais, sur la plainte du mayeur et des échevins, Henri III, par lettres du 7 février, révoqua la donation, en maintenant la ville en possession, et un arrêt du Parlement du 8 janvier 1585 débouta de ses prétentions et condamna aux dépens le sieur de la Guyonne[2].

Henri IV, à son tour, qui, après avoir conquis sa couronne à la pointe de l'épée, avait à récompenser de nombreux dévoûments, pensait qu'en somme rien ne serait plus légitime que de le faire à l'aide de cette énorme masse de biens sans propriétaires réels et dont les revenus, contrairement aux intentions des donateurs, étaient employés à toute autre chose qu'au soulagement des malheureux. Le duc de Savoie Emmanuel-Philibert venait d'obtenir du pape Gré-

1. Les médecins David et Just Laigneau furent chargés, en 1626, par Louis XIII, de parcourir toutes les léproseries de France. Cette visite permit de constater que la véritable lèpre avait complètement disparu comme maladie (Sprengel, *op. cit.*, t. III, p. 83).

2. Pièce justificative, n° XXXII.

goire XIII la réunion de l'ordre de Saint-Lazare à l'ordre de Saint-Maurice, celui de sa maison, et l'avait doté des biens des maladreries de son royaume, qui en Savoie, comme en France, ne servaient plus aux lépreux. Henri IV, suivant cet exemple se fit délivrer en 1608 une bulle qui rénova en France l'ancien ordre hospitalier. Dorénavant, il devait se composer de cent gentilshommes toujours prêts à marcher aux côtés du prince et prenait le nom d'ordre de Notre-Dame du Mont-Carmel et de Saint-Lazare[1]. Pour le doter, sous prétexte que sa mission primitive avait été de soigner, en Palestine, les chrétiens atteints de la lèpre, de les défendre et de les accompagner dans leur pèlerinage de Jérusalem, le roi résolut de lui attribuer les biens de toutes les maladreries du royaume désormais dépourvues de malades; mais, peu de temps après il tomba sous le poignard de Ravaillac, sans avoir eu le temps de déposséder les injustes détenteurs des biens des anciens lépreux[2].

Les mayeur et échevins de Montreuil venaient d'obtenir le 24 janvier 1609, un jugement de la *charité chrétienne* ordonnant qu'ils jouiraient, comme ils l'avaient fait par le passé, du revenu de la maison du Val, en qualité de « fondateurs et légitimes administrateurs, et nommeraient personnes capables au gouvernement d'icelle, qui rendraient compte et payeraient, suivant leurs offres, 60 livres au receveur commis au recouvrement des deniers »[3], et une sentence de la *chambre générale de réformation des hôpitaux et maladreries de France* du 20 septembre 1614[4], rendue à la requête de

1. Le marquis de Nérestang, chevalier de l'ordre du roi, mestre de camp, fut pourvu de la dignité de grand maître de l'ordre le 11 juillet 1608 (Bibl. nat., *ms. fr.*, 31795, f° 2).

2. Il existait encore au Val, en 1608, un office de *solliciteur des pauvres lépreux*, auquel pourvoyait le grand aumônier de France (notes Henneguier). Il est superflu de dire que c'était une sinécure.

3. Pièce justificative, n° XXXII.

4. Arch. de l'Hôtel-Dieu de Montreuil, A 3, *case* 1.

l'échevinage, ordonna mainlevée de la saisie effectuée par le procureur général près ladite chambre, sur les maisons du Val et de l'hôpital de Notre-Dame, à charge de payer les 60 livres dont il vient d'être parlé précédemment[1]. Un jugement du lieutenant particulier de la sénéchaussée de Ponthieu fut rendu dans le même sens le 17 janvier 1622, à l'encontre de Jacques Saumon, vicaire du grand aumônier de France[2].

Les mayeur et les échevins continuèrent donc à jouir aussi paisiblement qu'injustement des biens des deux maisons hospitalières[3]; aussi, pour se procurer, en 1645, l'argent nécessaire à la réfection du toit de l'hôtel de ville, ne trouvèrent-ils rien de mieux que de vendre, au prix de deux cents livres et quarante sous de rente foncière, trois mesures du bois du Val, où était établi un chaufour[4]. Cette somme ayant été insuffisante, nouvelle vente le 9 août, cette fois pour le prix principal de six cents livres et quarante sous de rente, d'une pièce de terre à Roussent[5]. Les cent mesures de la ferme du Pen eurent le même sort.

Cependant le produit des revenus de l'ancienne maladrerie avait singulièrement baissé, bien que ce superbe domaine, sans les bois, ne comprit pas moins de mille mesures de bonnes terres. Le passage fréquent des troupes pendant les sièges de Saint-Omer (1638), d'Hesdin (1639) et d'Aire (1641), avait mis les campagnes au pillage et la ferme du

1. Pièce justificative, nº XXXII.

2. *Id.*

3. On lit notamment dans le bail du 13 juillet 1641 (pièce justificative, nº XXXI) : « pour qu'elle (la maladrerie du Val) ne demeure plus longtemps inutile pour le profit et utilité apparens de ladite ville et communauté ». — Quant au bâtiment affecté aux lépreux, il avait été démoli.

4. Acte du 8 juillet (dossier du Val). — Vente au profit du sieur Pierre Garenne.

5. L'acquéreur était un certain Nicolas Foscherelle, d'Abihen *(ibid)*.

Val, en particulier, fut si éprouvée, que pendant plus de six ans elle resta inoccupée[1]. Des publications, en vue de l'adjudication du droit du bail, faites successivement à Montreuil, Abbeville, Gamaches, Blangy, Dieppe, Boulogne, Calais, Étaples, Samer et Desvres n'amenèrent aucun preneur, « tant celle-ci (cette ferme) était tombée en grande décadence et détérioration, les édifices ruinés et brûlés par les ennemis, les jardins, terres et pâtures emblayées de ronces et gazons et toutes les terres qui souloient être labourées, la plupart étant en friches et riez » [2].

En 1641 pourtant un soldat de la compagnie de chevaux légers du duc de Villequier, du nom de Dubuisson, se présenta comme preneur et passa un bail de trois, six ou neuf ans, à son choix, pour entrer en jouissance au 1er mars de l'année suivante. Le fermage annuel n'était que de six cents livres payables en deux termes, plus une redevance de 84 setiers de blé et 48 d'avoine, avec un setier de pois blancs au profit du sieur Potier. Le fermier devait en outre conduire chaque année à Montreuil douze chênes de la coupe et planter douze ormeaux et dix pommiers autour des bâtiments d'exploitation. Si par extraordinaire de nouveaux lépreux venaient à se présenter « ledit preneur était tenu de leur laisser les lieux et ténemens qui leur seront destinés et où les derniers ont demeuré, si aucun est réédifié ». Il devait enfin effectuer tous les charrois qui pourraient rendre nécessaires les réparations et notamment refaire les toits de la chapelle et des écuries, pendant la première année de son bail. S'il avait la coupe de deux mesures de bois, il devait acquitter les dîmes, terrages, tailles, gabelles et impositions quelconques, en un mot toutes les charges de l'immeuble.

1. Un sieur Poisson occupait la ferme en 1634 ; il la délaissa l'année suivante.

2. Pièce justificative, n° XXXI.

Sur ces entrefaites Louis XIV, vainqueur de ses ennemis, fonda l'hôtel des Invalides pour y héberger, dans une douce retraite, les 26,000 soldats mutilés de ses glorieuses campagnes. Reprenant en outre, à l'instigation de Louvois, le projet de son aïeul, il rétablit en faveur de ses serviteurs de rang élevé, l'ordre de « Notre-Dame du Mont-Carmel, Saint-Lazare, Jérusalem, Bethléem, Nazareth et tant de çà que de là les mers »[1], en attribuant à cet ordre, par un édit du mois de décembre 1672, l'administration « générale et perpétuelle » de toutes les maladreries, léproseries, hôpitaux, Hôtels-Dieu et autres lieux où l'hospitalité était pratiquée. Le célèbre marquis de Dangeau, l'auteur des mémoires, promu grand maître[2], créa sur tous les points de la France des commanderies et prieurés comprenant un certain nombre d'anciens établissements, pour en être disposé en faveur d'officiers nobles peu fortunés, à qui il répugnait de se faire admettre aux Invalides[3]. C'est ainsi que le Val devint le siège d'une commanderie du prieuré de Flandre, dont dépendaient les hôpitaux de Notre-Dame et de Saint-Julien de Beaumerie[4], avec ceux de Beaurainville[5] et de Cavron[6], au diocèse de Boulogne, commanderie qui fut attribuée à Gabriel de Chalus, chevalier, seigneur de Fresnay[7].

1. Armorial de l'ordre (Bibl. nat., fr. 31795 et 31776).

2. Il prêta serment entre les mains du roi le 18 décembre 1695 (Bibl. nat., *ms. fr.*, 31795).

3. Camille Rousset, *Hist. de Louvois*, t. I, p. 25 et suivantes.

4. Hôpital fondé par les premiers comtes de Ponthieu pour recevoir « les povres passans mendians », qui sous prétexte de pèlerinages pullulaient, vagabondant de ville en ville comme nos « ouvriers sans travail » et qui n'avaient pas de quoi se procurer un gîte.

Cet hôpital était construit sur l'emplacement de la maison attenant à la nouvelle église de Beaumerie.

5. Voir plus haut, p. 4, note, v° *Beaurainville*.

6. *Id.*

7. Reçu chevalier de Saint-Lazare le 12 may 1665.

En vain l'échevinage invoqua l'ancienneté de ses titres depuis la donation de 1202, d'Arnould du Pen, jusqu'à l'arbitrage du 29 août 1651, les registres des délibérations de l'hôtel de ville, les comptes des échevins qui administraient la maladrerie, les arrêts du grand conseil et de la chambre de réformation qui reconnaissaient incontestablement ses droits; rien n'y fit, la chambre royale, par arrêt du 16 juin 1674, le condamna à se départir au profit de l'ordre de Saint-Lazare « de la possession et jouissance de ladite maladrerie du Val-des-Lépreux, biens et revenus en dépendant, rendre et restituer les jouissances depuis le deuxième jour de juin 1673, jour de la demande, apporter au greffe de ladite chambre, pour être ensuite portés aux archives dudit ordre, tous les titres, papiers et enseignements qu'ils avaient, concernant lesdits biens, et se purger par serment que par dol, fraude ou autrement, ils n'en retiennent aucun, à la charge par ledit ordre de faire célébrer le service divin, en la manière accoutumée »[1].

Une seconde instance ne fut pas plus heureuse; l'arrêt du 23 juin 1679 réunit à l'ordre les bois du Val, portant défense aux mayeur et échevins de troubler la commanderie dans sa jouissance[2] et, en 1681, Jean-Louis, baron de Cadrieu, capitaine-major au régiment de Bourgogne et gouverneur de Montreuil[3], venait prendre possession de la commanderie du Val, comme successeur du sieur de Fresnay. Le 11 septembre 1683, il recevait, en cette qualité, de Philippe de Lengaigne, lieutenant général du bailliage d'Amiens à Montreuil, le dénombrement des terres de Roussent[4].

1. Pièce justificative, nº XXXII.

2. Notes Henneguier.

3. Jean-Louis de Cadrieu, capitaine de cavalerie, exempt des gardes du corps, fut promu chevalier de l'ordre de N.-D. du Mont-Carmel et de Saint-Lazare, le 25 avril 1681 (Bibl. nat., *ms. fr.*, 31795, fº 90).

4. Dossier du Val.

Une des premières préoccupations du nouveau commandeur fut de faire relever la chapelle de ses ruines et de la rendre au culte. L'ancien édifice, qui comme les autres constructions du Val avait beaucoup souffert pendant les sièges de 1537[1] et de 1544, avait été réparé en 1644 et bénit en 1665. Il ne tarda pas à tomber de vétusté, au point qu'il devint impossible d'y célébrer le service divin. Une reconstitution complète fut jugée indispensable ; elle eut lieu en 1686 et la bénédiction fut donnée solennellement le 23 juillet par le doyen de chrétienté de Montreuil, Jean Bermon, curé de Saint-Walloy, par permission de François Faure, évêque d'Amiens, en présence de messire Louis de Cadrieu, de Josse Raimbaut, curé d'Ecuires, Louis Sublet, écuyer, seigneur de Frémicourt, Robert Acary, seigneur de Conteval, André Havine, seigneur du Quint-d'Aix et de Gouy-Saint-André, bailli de la châtellenie de Beaurain, et de Jacques Prévot, fermier du Val[2].

Cette chapelle (voir notre planche), qui existe encore aujourd'hui à l'état de hangar et dans laquelle la messe a été célébrée

1. On sait que Montreuil fut assiégé à cette époque par Charles-Quint, avec 24,000 Lansquenets, 6,000 Wallons et 8,000 chevaux. La ville fut livrée au pillage et incendiée le 24 juin. Toutes les églises furent plus ou moins ruinées et les habitants durent chercher un refuge dans les villes voisines (Baron de Calonne, *Dict. archéol. et histor. du Pas-de-Calais*, Montreuil, p. 357. — La gauche des impériaux occupait les hauteurs d'Ecuires et le Val-des-Malades.

2. Pièce justificative, n° XXXIII. — Jacques Prévot, le fermier du Val, avait épousé Anne Sublet, fille de Louis Sublet, sieur de Frémicourt-en-Romont, dont :

1° *Jacques-François*, mort en bas-âge.

2° *Anne-Marguerite-Austreberthe*, née le 24 octobre 1708, mariée le 26 mai 1728 à Louis-Marie de Framery, écuyer, sieur de Sorrus, gendarme de la maison du roi.

3° *Marie-Jeanne*, mariée le 6 septembre 1738 à Nicolas-François le Roy, chevalier, sieur de Barde.

Jacques Prévot mourut le 28 mars 1746, âgé de 85 ans, et fut enterré dans l'église d'Ecuires (registre de la paroisse d'Ecuires, communication de M. Rodière). On voit son nom à la clef de voûte de cette église (R. Rodière, *Epigraphie du canton de Montreuil*).

Chapelle et Ferme du Val

jusqu'en 1862, est une modeste construction de briques et silex sans caractère, avec petit campanard à la pointe du pignon. L'intérieur, auquel on accède par une porte étroite qui a été refaite, n'est éclairé que par deux fenêtres et il n'y a pas la moindre sculpture.

Peu d'années après, Louis de Cadrieu fut remplacé [1] par messire Emmanuel du Bourg, comte de Bezalo, maréchal des camps et armées du roi [2]. Ce fut le dernier commandeur du Val. Madame de Maintenon et le P. Lachaize commençaient à l'emporter sur Louvois, dans l'esprit de Louis XIV, et lui donnaient des doutes sur la légitimité de l'attribution des biens des anciennes maladreries aux chevaliers de Saint-Lazare. Ceux-ci, en effet, n'étaient plus, comme au XIIe siècle, des religieux et des chevaliers de profession; ils ne soignaient et ne défendaient plus les lépreux. C'étaient parfois d'anciens officiers dont les services méritaient la bienveillance du roi, le plus souvent de grands seigneurs de cour, non astreints au célibat, qui employaient, à rien moins qu'à des œuvres pies, des revenus qui, dans l'intention des donateurs, devaient soulager les infirmités humaines. Au fond leur détention était tout aussi illégitime que celle des échevins de Montreuil, qui au moins dépensaient les revenus du Val, au profit de l'intérêt commun.

Le roi finit par éprouver de tels scrupules que par un édit du mois de mars 1693 il révoqua celui de 1672, disjoignant les biens qui à cette époque appartenaient aux maladreries de ceux dont était autrefois possesseur l'ordre de Saint-Lazare et ordonnant que les premiers seraient attribués, non plus à certains ordres militaires, mais à des maisons

1. Arch. de l'Hôtel-Dieu, B. 34 et 36, *case* 5.

2. Emmanuel du Bourg de Bozas fut promu par Louvois le 8 mars 1681. Il était à cette époque mestre de camp de cavalerie (Bibl. nat., *fr.*, 31795, f° 85).

charitables, de façon à profiter aux malades pauvres des localités où jadis avaient été établies des maladreries.

Pour justifier cette nouvelle attribution, Louis XIV publia, le 15 avril suivant une déclaration qui constatait qu'en présence de la disparition de la lèpre[1], un nouvel état de choses s'imposait et qu'il fallait l'établir de façon à se rapprocher autant que possible des intentions des anciens bienfaiteurs des maladreries. Le 24 août suivant parut l'ordonnance qui créait le système hospitalier qui régit encore actuellement la France[2].

Un semblable revirement rendit l'espoir à l'échevinage de Montreuil qui s'empressa d'envoyer l'échevin Jean Demizele, à Paris[3] et d'adresser une supplique au roi, pour faire valoir les droits de la ville à être réintégrée dans la jouissance des biens des anciens lépreux. Il alléguait notamment qu'il y avait toujours eu à la maison du Val « une hospitalité régulière observée et entretenue pour y soigner les pauvres malades de la ville et banslieux et que l'administration leur en appartenait suivant les tiltres de fondation et de concession faits au profit de ladite maison du Val-des-Malades par les anciens seigneurs de Montreuil »[4]; qu'en outre « cette maison Dieu était utile non seulement pour y retirer et entretenir les pauvres malades de la ville et banslieux, mais aussy les pauvres soldats et autres personnes de marine, et

1. Guy Patin écrivait en 1656 à Falconnet : « Il n'y a pas longtemps qu'on me fit voir un Auvergnat malade, lequel était soupçonné de ladrerie. Peut-être que sa famille en avoit quelque renom, car pour sa personne, il n'y en avoit aucune marque. Cela me fit souvenir de quelques familles de Paris qui en sont soupçonnées ; mais actuellement nous ne voyons ici aucun ladre. Autrefois on prenait pour ladres des *vérolés*, que l'ignorance des médecins et la barbarie du siècle faisaient prendre pour tels ». (Œuvres de Guy Patin, *Edit. Réveillé-Parisse*, t. III, p. 58).

2. Labourt, *op. cit.*, p. 15.

3. Notes Henneguier.

4. Pièce justificative, n° XXXIV.

que, dans les temps présents, les occasions n'en étaient que trop fréquentes. »

Ce fut en vain. Conformément aux avis de l'évêque d'Amiens et de l'intendant de Picardie Bignon, un arrêt du conseil privé du roi, en date du 13 juillet 1695 [1] confirmé par lettres patentes de janvier 1696 [2] enregistrées le 23 février suivant [3], ordonna que les biens des anciennes maladreries du Val, de Verton [4], de Waben [5] et de Montigny-lez-Nempont seraient réunis à ceux de l'Hôtel-Dieu de Montreuil, pour subvenir à la nourriture et à l'entretien des malades pauvres, à charge toutefois de remplir les fondations et d'hospitaliser les indigents de Verton, Waben et Montigny, jusqu'à concurrence des revenus de ces anciennes maladreries.

Ces lettres devaient porter effet rétroactif au 1er juillet précédent et les détenteurs des titres de ces maisons : greffier de la chambre royale, commis de l'intendance, chevaliers de Saint-Lazare ou fermiers, avaient à les remettre entre les mains des administrateurs de l'Hôtel-Dieu.

Désormais l'antique maladrerie du Val n'est plus qu'une ferme de l'hôpital de Montreuil ; mais comme si ce dernier eût dû payer son acquisition, ce beau domaine, qui devait

1. Pièce justificative, n° XXXV.
2. *Id.*, n° XXXVI.
3. *Id.*, n° XXXVII.
4. Cette maladrerie était située au lieu dit le *Bois de l'Atre*.
5. Les revenus de cette maladrerie consistaient en rentes sur les terrages de Campigneulles, Airon et le Temple. André Poisson, sergent royal à Abbeville avait été déclaré adjudicataire de ces diverses rentes, pour neuf ans, moyennant un cens annuel de 54 livres et l'obligation d'acquitter toutes les charges. En 1657, Philippe Delepierre, mayeur de Waben, se rendit adjudicataire pour une redevance de 70 livres par an et à charge de faire célébrer, à ses frais, une messe par semaine. Le revenu de la maladrerie consistait, à cette époque, en une rente de 50 livres d'argent et 2 muids d'avoine sur le domaine de Ponthieu, plus 12 setiers de blé sur le domaine du roi (Dossier du Val. — Braquehay, *Hist. de l'Hôtel-Dieu*, p. 194, *note*).

être plus tard la source principale de ses revenus, commença par être pour lui l'objet de nombreuses difficultés et d'un surcroît de charges.

Il dut d'abord présenter à la chambre des comptes le titre primordial de sa fondation, les lettres patentes de janvier 1696, des lettres de relief en chancellerie, etc., et acquitter à la fois les frais de ces dernières lettres et ceux de l'enregistrement des diverses pièces produites [1].

Sur ces entrefaites un chevalier de l'ordre hospitalier et militaire du Saint-Esprit de Montpellier, Antoine Guitole, commandeur de Don-le-Roi, se présenta pour prendre possession de l'ex maladrerie du Val, au nom de messire François Renaudet, chevalier dudit ordre, soit disant pourvu de « la chapelle du Saint-Esprit du Val près Montreuil » par provisions à lui délivrées par Hues des Autreins, baron de Courson, commandeur de Saint-Foursin, en Auvergne, et sous-vicaire général de l'ordre du Saint-Esprit de Montpellier, en date du 30 juillet 1693. Le sieur Guitole entendait se faire mettre en possession de la maison avec « ses circonstances et dépendances », conformément auxdites lettres de provision.

Le fermier du Val, Jacques Prévot, à qui les lettres furent remises, renvoya le sieur Guitole aux bonnes sœurs de l'Hôtel-Dieu, qui répondirent par la bouche de leur procureur, messire Jacques Vincent, bachelier en théologie, que le Val, pas plus que sa chapelle, n'avait jamais appartenu à l'ordre du Saint-Esprit et que l'hôpital en était devenu propriétaire en vertu de l'arrêt du Conseil du 13 juillet 1695. Il y a lieu de croire que le mandataire du sieur Renaudet s'en tint là, car nous n'avons pas trouvé trace de procès, à la

1. Dossier du Val.

suite de l'acte notarié qui consigne les faits singuliers que nous venons de rapporter[1].

Plus sérieuse fut la résistance de l'échevinage, qui voulait à tout prix rentrer en possession de son ancien domaine et qui lutta près de trente ans pour empêcher l'exécution de l'arrêt du 13 juillet. Mais ce fut en vain. Une nouvelle députation envoyée à Paris fut éconduite[2]; à la requête des sœurs l'intendant Bignon ordonna aux détenteurs des titres du Val, qui n'étaient autres que les échevins, d'en effectuer la remise et cette ordonnance étant encore inexécutée en 1718, le lieutenant criminel de Montreuil, Josse Warnier, en rendit une nouvelle pour permettre aux religieuses de l'Hôtel-Dieu de se faire délivrer un monitoire par l'officialité d'Amiens[3]. Ce monitoire paraît avoir enfin été suivi d'effet[4] et des lettres patentes en date du 26 février 1721, enregistrées en 1724, rendirent à jamais irrévocable la réunion.

Quant à la ferme du Val, elle était en bien piteux état. Les guerres, d'abord, l'insouciance intéressée des commandeurs ensuite, n'avaient laissé que des bâtiments en ruines. Dès le 4 mars 1698, prenant cette détresse en considération, le duc d'Elbeuf faisait remise des redevances de paille et de fourrages auxquelles sa qualité de gouverneur de Montreuil

1. *1697, 1er juillet.* — Procès-verbal dressé par Nicolas de Hèghes et Pierre Cailleu, notaires royaux pourvus de la charge de notaires apostoliques à Montreuil, à la réquisition d'Antoine Guitole, chevalier de l'ordre du Saint-Esprit de Montpellier, commandeur de Don-le-Roi, fondé de procuration de Mre François Renaudet, chevalier dudit ordre, pour prendre possession, en son nom, de la ferme et de la chapelle du Val. *(Dossier du Val).*

2. Annuaire du Pas-de-Calais de 1855; article de M. Henneguier sur l'Hôtel-Dieu de Montreuil.

3. Braquehay, *Hist. de l'Hôtel-Dieu*, p. 195.

4. Les titres du Val forment aujourd'hui le fonds le plus intéressant des archives de l'Hôtel-Dieu de Montreuil; on trouvera les plus anciens transcrits comme pièces justificatives, à la fin de notre travail.

lui donnait droit[1]; le Roi, lui-même, par lettres patentes du 24 juin 1704, des 4 mars et 6 avril 1705, autorisait une coupe extraordinaire de 600 soliveaux dans les bois du Val, pour payer la reconstruction des bâtiments d'exploitation, dont le devis dépassait 5.000 livres[2].

Sur ces entrefaites arrive l'hiver de 1709, de froide et cruelle mémoire. Le désastre de Malplaquet a pour conséquence la retraite de l'armée française en Picardie, où elle prend ses cantonnements entre la Canche et l'Authie : toutes les maisons des environs de Montreuil sont envahies; soldats et habitants couchent sur la paille; les campagnes sont livrées au pillage[3], les bois dévastés; partout la vie agricole est interrompue. La ferme du Val est occupée par sept compagnies de cavalerie avec l'état major de la maison du Roi et fourragée trois fois par la brigade entière de Sternaux. Un état dressé le 24 nouembre 1710[4] estime ses pertes à 20.000 livres. somme qui représente plus de 60.000 francs de notre monnaie actuelle. Ces pertes se décomposaient ainsi : 20.000 bottes de blé et de seigle, 1.200 de baillard, 5,500 d'avoine, 8.000 de blé et de vesces, 2.000 de warats, 160.000 bottes de gerbes non battues, 200 de foin, 30 porcs, 1 génisse, jusqu'à un chien d'arrêt et un chien couchant! On avait en outre coupé 300 chênes dans le bois de Ferfeu, 200 dans celui de Rouverel et 80 au Bois-Huré. Les jardins étaient ruinés; les bâtiments dégradés, les greniers vidés. Le fermier Prévot put sauver, il est vrai, quelques centaines de setiers de grains en les transportant dans les cours de l'abbaye de Saint-Saulve; mais la pluie ne tarda pas à les gâter. Force

1. Dossier du Val.
2. Braquehay, *op. cit.*, p. 196.
3. Baron de Calonne, *Hist. de l'abbaye de Dommartin*, p. 75 et 193.
4. Pièce justificative, n° XXXVIII.

fut par surcroît de lever des impositions extraordinaires pour entretenir l'armée et voici les chiffres auxquels elles s'élevèrent pour le Val, de 1709 à 1717 : 421 livres, en 1709; 480, en 1710; 210, en 1711; 281, en 1712; 207, en 1713; 279, en 1714; 150, en 1715; 1.226, en 1716; 162, enfin, en 1717[1].

Nous n'avons plus, comme faits particuliers à notre sujet, qu'à mentionner la contestation qui s'éleva en 1715 entre l'Hôtel-Dieu et l'abbaye de Saint-Saulve, relativement aux terres de l'ancienne maladrerie. Il y eut même un commencement de procédure; mais l'évêque d'Amiens arrangea les choses en faisant ressortir, par de paternelles remontrances, combien était fâcheux un différend entre religieux, dont le premier devoir était de pratiquer les œuvres de miséricorde et de paix. Un autre procès avec les habitants de Boisjean, au sujet de la vaine pâture sur la terre du Val, fut tranché en faveur des sœurs par un arrêt du 11 août 1722[2].

Quant aux bâtiments qui font actuellement de la ferme du Val la plus belle de l'arrondissement de Montreuil, ils furent reconstruits ou complétement réparés quelques années avant la Révolution. A l'imposte de la porte de la maison du fermier, on voit, sculptée en relief, une crosse entre les lettres S. N., initiales de Saint-Nicolas, patron de l'Hôtel-Dieu, et une des ancres de la façade porte la date de la nouvelle construction : 1776. Une étable, à droite de l'entrée, est datée de 1785[3]; la grange enfin, aux murs épais et aux contreforts puissants est d'une construction assez ancienne; mais elle a été remaniée. Près d'elle on

1. Pièce justificative, nº XXXIX.
2. Braquehay, p. 200.
3. Rodière, *Épigr. de l'arrondissement de Montreuil*, p. 12.

remarque deux pilastres délabrés, dont le style accuse le XVIIe siècle.

Nous avons terminé notre tâche. Désormais l'antique léproserie du Val n'a plus d'histoire ou plutôt son histoire se confond avec celle de l'Hôtel-Dieu. Nous y renvoyons le lecteur et nous nous bornons, dans un appendice, à donner quelques renseignements statistiques sur les prix successifs de location de la ferme et sur ses anciens baux.

*
* *

Anciens baux de la ferme du Val

Il n'est pas sans intérêt pour l'histoire économique de notre région, de parcourir les clauses des anciens baux du Val et de voir par quelle marche progressive, le fermage, primitivement de 300 livres, est arrivé à atteindre, en 1859, le chiffre très respectable de 19,584 francs, plus 8,000 à 10,000 francs de redevances; puis a subi, à partir de 1886, les effets néfastes de la crise agricole.

Le bail le plus ancien[1] dont on ait conservé la minute, est daté du 6 mai 1566 et a été passé par un certain Jean du Rieu, en l'étude de Me Malingre. Ce bail fut renouvelé, en 1569, par le même fermier, en s'adjoignant le sieur Levêque[2]. Les conditions sont les suivantes : 300 livres de prix principal, payables en deux termes, à la Saint-Jean et à

1. En 1548, le Val était baillé à cens et à rente, avec homme vivant et mourant, pour la somme de 160 livres (pièce justificative, n° XXX).

2. Le sieur Levêque avait épousé Péronne Flamestel, veuve d'Etienne Cordier, ancien censier du Val. Celle-ci fit son testament par-devant Mes Courtrect et François de Hégbes, et fut inhumée dans l'église d'Ecuires où elle avait choisi sa sépulture. Son fils, Jean Lévêque épousa, le 2 juillet 1573, Collette le Tellier, par contrat du 2 juillet 1575, passé par-devant Mes Allard et de Hégbes (minutes des Notaires de Montreuil ; communication de M. Rodière).

la Noël. — Vins : 65 livres. Les preneurs ont droit à la coupe d'une mesure de bois, mais doivent conduire à l'hôtel de ville les choques de Noël et les branchages de la Fête-Dieu. Si le chapelain le désire, ils sont obligés de lui entretenir une vache et son veau ; la réparation des toits de chaume est à leur charge ; celle des toits de tuiles incombe à la ville. C'était à cette époque Adrien de Sarton qui était administrateur de la maladrerie [1].

Jean du Rieu passa de nouveau bail le 8 janvier 1578 et le 23 avril 1580 ; mais il paraît que comme cultivateur il laissait à désirer et que de plus il payait mal, car par délibération du 12 novembre 1589 il fut décidé qu'on saisirait ses granges et qu'un commissaire serait préposé à la garde des récoltes, pour assurer le paiement du fermage [2].

En 1634, le fermier s'appelait Poisson et nous avons vu, qu'après une vacance de six ans, le sieur Dubuisson s'était porté adjudicataire. Son bail de 1641 [3] a été analysé. Nous arrivons ainsi, après plusieurs lacunes, au bail le plus ancien des archives de l'Hôtel-Dieu. Il date de 1666 et a été passé, après les publications d'usage [4] par les mayeur et échevins, au profit de Jeanne Martin, veuve Havyne, et de son fils André, aux conditions qui suivent : 1,300 francs de fermage, la première année, 1,400 francs les suivantes, payables en

1. Minutes des Notaires de Héghes et Allard.

2. Reg. aux délibérations de l'Hôtel-Dieu.

3. V. p. 43.

4. Voici en quels termes était faite cette publication : « On fait assavoir que la maison et cense du Val-des-Malades près la ville de Monstroeul contenant 1200 mesures de terres, tant en jardinage, lesquelles se peuvent faucher pour faire foings, que à usaige de labour et de pastures, est à bailler à tiltre de ferme, soit en argent, soit en grains, et ce, tant en totallité, par moitié, ou par tiers et par quart, ainsi que le preneur ou les preneurs adviseront estre pour le mieulx. et ce, pour trois, six, noeuf ou douze ans. Partant, s'il y a quelqu'un quy sente son proffict, qu'il ait à se trouver en ladicte ville de Monstroeul par devers messieurs mayeur et eschevins de ladite ville ausquels ladite censse appartient » (Dossier du Val).

deux termes, à la Noël et à Pâques, plus une redevance de 84 setiers de blé, 48 1/2 d'avoine et un setier de pois blancs au profit de l'hôpital des Orphelins. Les preneurs acquittent les censives envers Saint-Saulve, Sainte-Austreberthe et divers particuliers, jusqu'à concurrence de 15 livres. Ils sont tenus, s'il venait à s'en présenter, de loger les lépreux dans les bâtiments « où les derniers ont esté receus et logez. » Même obligation à l'égard du chapelain « sy aucun en est commis par lesdits bailleurs, une vache et son suivant par chascun an. » Ils doivent réparer les bâtiments tous les trois ans, fournir 300 bottes de *gluis*[1] pour l'entretien des couvertures, marner les terres à frais communs avec la ville et payer les dîmes, tailles, gabelles et autres impositions. Les pertes pour cas fortuits donnent lieu à réduction proportionnelle du fermage et le grenier du collège de Montreuil est mis à la disposition des preneurs, à charge par eux d'en entretenir la couverture[2].

Bail du 26 septembre 1682 passé par messire Louis de Cadrieu, commandeur du Val et gouverneur de Montreuil, en faveur du même André Havyne, devenu seigneur du Quint d'Aix, bailli de la châtellenie de Beaurain et demeurant à Bloville. Ce bail porte sur toutes les dépendances de la commanderie, sauf les biens du village du *Pencq en Boullenois*[3], que le commandeur se réserve; il est consenti au prix annuel de 1,900 livres. La coupe des bois comprend chaque année vingt-six mesures.

Bail de 1691 accordé par Emmanuel du Bourg, commandeur du Val, à Jacques Prévot. Le fermage est réduit à 1,800 livres; mais le preneur n'a plus droit qu'à une mesure

1. Le *gluis* est de la paille de blé millet dont on se sert avantageusement pour les toits de chaume.

2. Arch. de l'Hôtel-Dieu.

3. Le Pen.

et demie de bois au lieu de deux, comme l'accordait le précédent bail. Il doit effectuer le marnage jusqu'à concurrence de 30 livres, chaque année; 40 mesures sont marnées à frais communs.

Le bail de 1699, le premier que passa l'Hôtel-Dieu, ne diffère pas du précédent. Celui de *1709* comporte encore un fermage de 1,800 livres et 28 setiers de blé; mais le preneur doit payer en plus, chaque année, 80 livres aux carmes pour la messe du dimanche et des fêtes, à la chapelle du Val, que ces religieux desservaient à cette époque[1].

Pas de réduction de fermage en cas de guerre; toutefois le fermier du Val, comme ceux de Saint-Nicolas-aux-Champs, de Clenleu et de Saint-Michel, furent indemnisés par les sœurs, à la suite des années désastreuses de 1709 et 1710, dont nous avons parlé plus haut.

En 1718 la ferme passe aux mains de Pierre Seclers, au fermage de 2,200 livres, 28 setiers de blé, 12 de seigle et 1,000 livres de vins. Faculté pour le preneur de résilier, en prevenant six mois d'avance.

1726. — Bail au profit d'Augustin Leblond et de sa femme, pour neuf ans fermes. Le fermage est porté à 2,800 livres de principal, 48 setiers de blé, 42 de scourgeon, 4 porcs, une tinne de beurre de 20 pots estimée 80 livres. Le fermier doit en outre livrer 300 bottes de gluis pour l'entretien des couvertures, effectuer 50 charrois par an pour transporter à l'Hôtel-Dieu les bois du Val et les grains de Tigny, donner la soupe aux ouvriers, quand ils travaillent à la réparation des bâtiments, payer enfin le service divin, sauf aux grandes fêtes.

1736. — Même fermier. La redevance annuelle est réduite à 2,440 livres, 30 setiers de blé, 4 porcs et 40 charrois.

1. Notes Henneguier.

1746. — Fermage : 2,600 livres, 40 setiers de blé, 4 porcs. Contenance : 1,050 mesures.

1753. — Mêmes conditions, même preneur.

1762. — Mêmes conditions, au profit de la veuve Leblond.

1765. — La ferme passe à Durlin, au prix annuel de 2,600 livres, 40 setiers de blé et 4 porcs.

1789. — Fermage : 3,800 livres, 40 setiers de méteil, 10 de blé pur, 4 porcs et 300 bottes de gluis.

1792. — Le citoyen Jacques Durlin refait bail pour trois, six, neuf ans, à partir du 15 mars 1794, au fermage annuel de 4,000 livres, 40 setiers de méteil, 10 de blé pur, 4 porcs, 100 gerbes de blé, 100 bottes de warats, 100 de *feurre,* 60 couples de pigeons et autant de paille que les sœurs peuvent en avoir besoin. Celles-ci ont en outre, quand elles le veulent, un cheval à leur disposition pour voyager. Marnage à frais communs ; réserve des fruits ; paiement de la messe célébrée les dimanches et fêtes à la chapelle[1]. Douze mesures réservées dans ce bail sont affermées à part à un certain sieur Tillette, à qui est accordé le droit de faire paître deux vaches dans les pâturages du Val.

En dépit de la loi du 22 messidor an II (10 juillet 1794)[2], qui réunissait au domaine national les propriétés des hôpitaux, la ferme du Val traversa paisiblement la période révolutionnaire. Grâce à l'entremise de plusieurs membres de la commune, la vente fut ajournée jusqu'à ce que la convention nationale ait statué sur la proposition du citoyen Dubois, tendant à faire rapporter le décret[3]. Le Val était sauvé !

1. Cette messe était due aux habitants de Boisjean. Elle ne fut pas célébrée de 1794 à 1800 et, comme les honoraires en étaient annuellement de 150 francs, l'administration des hospices réclama 900 francs de ce chef au sieur Durlin. (Dossier du Val ; délibération de la commission des hospices).

2. Le presbytère de la rue du Tongris, la maison de la rue des Juifs, la ferme de Clenleu et les terres d'Alette, furent, en vertu de cette loi, vendues pour 426.000 livres par le district de Boulogne (Braquehay, p. 251).

3. *Id.*

Germinal an VII (mai 1799). Contenance : 1,054 mesures, plus une mesure de bois au sieur Panet. Même preneur que précédemment. Vins : 1,200 francs. Fermage : 4,000 francs, 40 setiers de méteil, 12 de blé pur, 82 de seigle, 48 d'avoine, 1 de pois, 100 bottes de warats, 100 de feurre, 4 porcs.

1806. — Le sieur Panet se porte adjudicataire, au fermage de 5,200 francs, 56 hectolitres de méteil, 16 hectolitres 8 décalitres de seigle, 96 hectolitres d'avoine, 14 décalitres de pois, 100 bottes de warats, 100 de feurre et 4 porcs.

1817. — Même preneur. Fermage : 7,200 francs, plus 400 hectolitres de méteil, 57 de blé pur, 24 d'avoine, 200 bottes de warats, 200 de *feurre*, 200 de paille, 6 porcs, 300 bottes de gluis et 50 charrois.

Bail du 7 août 1830. — Preneur : de nouveau le sieur Panet. Fermage : 7,000 francs, et les mêmes redevances que précédemment.

1842, 24 janvier. — Renouvellement du bail, au fermage de 15,000 francs.

1859, 12 novembre. — Toujours le même fermier. Contenance : 349 hectares 96 ares 20 centiares ; fermage porté à 19,584 francs, plus les redevances, ce qui équivaut à plus de 25,000 francs.

Bail du 7 avril 1874, au profit de madame veuve Vasseur. La ferme est réduite à une contenance de 221 hectares, 41 ares, 56 centiares et le fermage à 12,384 francs.

Bail du 1er mai 1886. — Preneur : le sieur Blart, au prix considérablement réduit de 7,100 francs.

Bail du 26 décembre 1896, actuellement en cours, passé au profit de M. Roussel, moyennant un fermage de 9,900 francs [1].

1. Arch. de l'Hôtel-Dieu de Montreuil ; communication de M. Rodière.

Pièces Justificatives

I

1173. — Guillaume de Montreuil donne aux lépreux la terre du Halloy avec les terrages et les dîmes qui en dépendent; Enguerran, fils du précédent, confirme la donation.

Presentibus et futuris omnibus notum fieri volumus quod dominus Willelmus de Musterolo, pro anime sue et suorum redemptione, terram totam de Haloi[1] cum terragio et decima. in elemosinam infirmis hereditarie donavit, solam et quietam de omni consuetudine, de suis propriis, ipseque comitatum in manu retinet de omnibus rebus extraneis que accidere possunt.

De recognitione autem hujus doni annuatim ad natale XII nummos persolvent, et, ut in perpetuum ratum habeatur hoc donum, sigilli sui impressione confirmavit dominusque Ingelrannus, filius ejus, hoc donum benigne concessit.

Hoc donum donavit et concessit, ut diximus, dominus Willelmus, in domo placiti, tempore Rodberti, filii Heuberti, qui tunc erat major, et tempore scabinorum istorum : Alexandri Clerici qui cartulam composuit, Rodberti Alulfi, qui domum tunc procuravit, Geroldi de Marle[2], Pagani de Foro, Everardi Fabri, fulconi[s] Matun, Ogine Fere, Odoni[s] de Marle, Walteri Pharamus, Reimberti Bacheller, Renoldi Sancte, Everardi Hulee, Everardi Grossi, Huberti, Hugoni[s] Alulfi, Laurentii Parvi, Balduini Tres Supes, Alberti de Campeinnoles[3] et alii. Adfuit autem cum domino Willelmo Waldricus d'Escuincurt[4] et Wido de Straeles[5].

Actum est anno Incarnati Domini M°. C°. LXX. III°.

(Arch. de l'Hôtel-Dieu de Montreuil, B 34, *case 5*, n° 1). *Orig. parch.*

1. *Le Halloy*, commune de Campigneulles.
2. *Marles*, canton de Campagne-lez-Hesdin.
3. *Campigneulles les Grandes* ou *les Petites*, canton de Montreuil.
4. *Saint-Martin d'Esquincourt*, ancien faubourg de Montreuil, actuellement commune de Beaumerie-Saint-Martin.
5. *Estréelles*, canton d'Etaples.

II

1202. — Arnould du Pen, sur le point de partir pour la croisade, donne, pour le cas où il y mourrait, quarante journaux de terre aux lépreux du Val et de plus la terre de Domeselve, si son fils Thomas venait à mourir sans postérité.

Noverint universi, tam presentes quam futuri, quod Arnulphus del Pan [1], cum deberet profisci in partes Ierosolimitanas, cum aliis legatis suis concessit et in elemosinam contulit leprosis de Valle, si moreretur, quadraginta jugera terre de Dommeselve [2], salva tamen vita Liegardis uxoris sue.

Notandum est preterea quod si Thomas del Pan, filius antedicti Arnulphi, obierit, absque herede de uxore sua, tota terra de Dommeselve eisdem leprosis pro anima patris sui et predecessorum ejus, salva tamen vita Liegardis, in elemosinam remaneret.

Ut autem hoc firmum et stabile permaneat, major et scabini communie Monsteroli presentem paginam impressione sigilli sui corroborant. Actum in placito communie Monsteroli, coram majore et scabinis. Sevoldus Gafiaus tunc temporis erat major. Isti erant scabini : Hugo li Sas, Geroldus Pesaus, Galterus Pingehans, Fulco de Baion [3], Robertus de Foro, Huedebertus de Bolengel et multi alii, anno verbi incarnati M° cc° II°.

(Bibl. de Saint-Omer, *ms. 872*, dossier 1460 ; *origin. parch.*)

III

1205. — Blichilde de Bloville donne un droit de terrage à la maladrerie du Val.

Noverint universi tam presentes quam futuri quod Bileheldis de Bloville [4] contulit in elemosinam leprosis de Valle, pro anima sua et predecessorum

1. *Le Pen*, ferme, commune d'Ecuires.
2. *Domeselve*, écart, commune d'Ecuires.
3. *Baillon*, fief, commune de Camiers.
4. *Bloville*, ferme, commune de Boisjean.

suorum, partim divine karitatis intuitu et partim pro pecunia quam ab eis accepit, terragium karucate terre Johannis de Botin [1].

Et notandum quod Eustacius, miles de Guaben [2] et Gualterus filius et heres qui presentes aderant, ad quos predicti terragii spectabat juridictio, donationem illam diligenter concesserunt et assensum suum donationi illi prebuerunt. Idem vero Eustacius singulis annis XII^cim denarios de recognitione ab eisdem leprosis recipiet, ita tamen quod prenotatus Eustacius prescripti terragii donationem et leprosorum elemosinam super omnes res suas intra castellum Monsteroli existentes vel circummanentes garandire tenetur.

Hoc autem non est pretermittendum quod sepedicta Bileheldis terragium sepenominatum in manu Hugonis Belli, Monsterolensis decani, in templo beate Marie [3], coram majore et scabinis assistentibus resignavit et postmodum abjuravit et fiduciavit quod quando filius et heres ejus etatem competentem haberet et annos discretionis attingeret, ipsum ad hoc pro posse suo induceret ut donationem matris sue et elemosinam concederet et ratam fore assensiendo confirmaret.

Isti autem donationi interfuerunt : Hugo Bellus qui tunc tenporis erat Monstrolensis decanus ; Ingirannus, presbiter de Gaben ; Framericus Gorleaus, magister communie ; Guido, miles de Morlai ; Hugo de Botin, qui tunc tenporis erat major communie Monsteroli ; Walterus Pingehans ; Girardus de Villari [4], Heudebertus de Boluzel ; Baldevinus de Heubecort [5], Albertus de Campenoles [6] ; Walterus de Beccerel [7] ; Gosso de Porta [8] ; Robertus de Foro et Petrus Clericus, tunc procuratores leprosorum, qui omnes erant scabini ; Michael Rex, Arnulphus de Bellorainio [9], Arnulphus Juvenis, Arnulphus de Botin, Thomas de Botin, Framericus Roberti de Barra [10] et multi alii.

Ut autem hoc stabilitatis tenorem in perpetuum sortiatur, Hugo decanus Monsterolensis et Hugo major Monsteroli et scabini presentem paginam appentionibus sigillorum suorum corroborant. Actum est hoc anno Verbi Incarnati M^o ducentesimo quinto.

(Arch. de l'Hôtel-Dieu de Montreuil, B 34, n° 3 ; *orig. parch.*)

1. *Beutin*, canton d'Etaples.
2. *Waben*, canton de Montreuil.
3. *Notre-Dame de Darnestal*, ancienne église de Montreuil.
4. *Villiers*, commune de Saint-Josse.
5. *Hebécourt*, hameau, commune de Saulchoy.
6. *Campigneulles*, canton de Montreuil.
7. *Becquerel*, lieu dit, commune de Montreuil.
8. *Beaurainville*, canton de Montreuil.
9. *La Porte*, fief, commune de Montreuil.
10. *La Barre*, ferme, commune de Fiennes.

IV

1207. — Gauthier de Montreuil, du consentement de Renaut de Fromessent, son fils, donne aux lépreux du Val 180 arpents de terre au Bois-Jean.

Noverint omnes tam presentes quam futuri quod dominus Gualterus de Monsterolo contulit in elemosinam leprosis de Valle, assensu domini Renoldi de Fremehesem [1], pro anima sua et pro animabus predecessorum suorum et partim pro pecunia quam ab eis accepit, IX^{xx} jugera de nemore Johannis juxta terram conversorum de Roumont, inter limitem de Rousem [2] et Album Limitem existencia, hereditarie et in perpetuum eis pacifice possidenda, per V^{que} solidos de censu ad usus et consuetudines Monsteroli. Istam elemosinam firmiter et fideliter tenendam in placito communie coram majore et scabinis fiduciaverunt dominus Gualterus de Monsterolo, tanquam dominus, et Renoudus de Fremehesem, tanquam heres.

Et notandum quod predicte elemosine donationem prenotatus Gualterus per expositionem omnium rerum suarum, tanquam dominus, [ante]dictis leprosis guarandire tenetur.

Huic donationi interfuerunt Hugo de Botin, tunc temporis major Monsteroli; Sevoldus Gafiaus; Robertus Juvenis; Fulcho Bibens Vinum; Girardus de Villari; Johannes Moistes; Walterus de Br..cerel; Arnulphus de Belraim [3]; Egidius de Rumelli [4]; Abondus de Cuc [5]; Willelmus Ruffus; Ingerrannus Dangars; Balduinus de Heubecort; Henricus de Platea; Thomas del Pan; Freboudus de Platea; Hugo li Mao; Matheus d'Aix [6] et Robertus de Foro et Petrus Clericus, tunc temporis procuratores leprosorum. Et Framericus Gorliaus erat magister communie.

Ut autem hoc ratum et stabile permaneat, dominus Gualterus de Monsterolo et Renoudus de Fremehesem frater et heres ejus presentem paginam appentionibus sigillorum suorum corroborant. Actum est hoc anno ab Incarnatione Domini M^{o} CC^{o} septimo.

(*Id.*, B. 34, n° 4; *orig. parchem.* — Copie à la Bibl. nat., *Moreau*, t. CIX, f° 231).

1. *Fromessent*, hameau, commune d'Etaples.
2. *Routsent*, canton de Campagne.
3. *Beaurainville*, canton de Montreuil
4. *Rumilly*, canton d'Hucqueliers.
5. *Cucq*, canton de Montreuil.
6. *Aix-en-Issart*, canton de Campagne.

V

1215, Juillet. — Eustache, bouteiller de Selles et Mahaut, sa femme, donnent a la maladrerie du Val 130 arpents de terre et de bois, au Bois-Jean et au bois de Rouverel.

Ego Eustachius, buticularius de Seles [1] et Mathildis uxor mea, notum facimus universis presentibus et futuris quod nos intuitu divine pietatis, pro animabus nostris et animabus parentum et antecessorum nostrorum, in perpetuam contulimus elemosinam domui Leprosorum de Monsterolo sexies viginti et decem jugera, tum in bosco, tum in terra, et siquidem erat amplius, que habebamus in bosco Johannis [2] et in bosco de Roverel [3], quiete et pacifice in perpetuum possidenda et tenenda. De recognitione autem hujus elemosine dicti leprosi singulis annis in festo omnium sanctorum nobis teneantur reddere duos modios, unum bladi et unum avene.

Nec est pretermittendum quod nos manu nostra prestitimus cautionem quod in jugeribus supradictis nichil in posterum reclamabimus, nec aliqua exactione, quantum in nobis erit, eos vexari permittemus.

Isti elemosine a nobis facte et ab Eustachio, domino fundi, creantate, interfuerunt : magister Fulco Sains, decanus christianitatis de Monsterolo ; Hugo Bellus ; Ingerranus, de Caumont, Johannes, de Wailli [4], Willelmus, del Martroy [5], Eustachius, de Sancta Austreberta [6], Andreas, de Embri, presbiteri ; magister Nicholaus de Divernia [7], magister Walterus de Sancto Judoco [8], magister Nicholaus de Communia [9], Petrus de Berc [10], Ernulphus Forrenis, Petrus de Embri [11], Framericus de Sancto J[udoco], domnus Wido, Andreas Strabon, clerici ; Geroldus Prefiax, tunc major Monsterolensis, Hugo de Buetin [12], [Si]voldus Gaffiax, Ernulphus de Bialreim [13],

1. *Selles*, canton de Desvres.
2. *Boisjean*, canton de Campagne.
3. Le *Bois de Rouverel*, commune de Boisjean.
4. *Wailly-Beaucamp*, canton de Montreuil.
5. *Saint-Jacques-du-Martroy*, ancienne paroisse de Montreuil.
6. *Sainte-Austreberthe*, ancienne paroisse de Montreuil.
7. *Desvres*.
8. *Saint-Josse*, canton de Montreuil.
9. *La Commune*, hameau, commune de Brunembert.
10. *Berck-sur-Mer*.
11. *Embry*, canton de Fruges.
12. *Beutin*, canton de Montreuil.
13. *Beaurainville*, canton de Montreuil.

Henricus de Platea, Gonfridus Pialreis, Guido li Mercier, Walterus de Beckerel, Alardus de Peronne, Egidius de Rumelli, Wibertus de Valoiles [1], scabini; Balduinus de le Volee, vice[c]omes; Petrus de Walli; Eustachius Pate; Framericus Kenoillons; Aimericus Cambarius; Johannes Walkelins; Walterus Pialres; Quintinus; Renerus li Crieres; Vicentius, serviens majoris, et multi alii.

Ut autem hec nostra elemosina firma et stabilis habeatur, sigillorum nostrorum appensionibus presentem paginam communimus. Actum Monsteroli anno Verbi Incarnati millesimo ducentesimo quintodecimo, mense julio.

(Id., B. 34, nº 5; *orig. parch.* — Copie dans la collection Moreau, t. CXIX, fº 214).

VI

1217, 9 Décembre. — Bulle du pape Honorius III en faveur de la maladrerie.

Honorius episcopus, servus servorum Dei, dilectis filiis magistro et fratribus domus leprosorum de Monsterolo, Ambianensis diocesis, salutem et apostolicam benedictionem.

Gratam Deo et hominibus officii nostri prosequimur actionem, cùm nos et alios quos manus Domini lepre morbo percussit, eorum justis petitionibus exaudimus. Eapropter, dilecti in Domino filii, vestris justis precibus annuentes, personas vestras et domum in qua divino estis obsequio mancipati, cum omnibus bonis que inpresentiarum rationabiliter possidet aut in futurum justis modis, prestante Domino, poterit adipisci, sub beati Petri et nostra protectione suscipimus. Specialiter terras, possessiones et ....., sicut eas juste ac pacifice possidetis, vobis et per nos, domui vestre, auctoritate apostolica confirmamus, presentis scripti patrocinio communimus; auctoritate vobis presentium nilhominus indulgentes ut de ortis et nutrimentis vestrorum animalium nulli decimas persolvatis.

Nulli ergo omnino hominum liceat *etc.* Datum Laterani V idus decembris, pontificatus nostri anno secundo.

(Bibl. nat., *Collection Moreau*, t. CXXII, fº 131; d'après l'original des archives de l'Hôtel de Ville de Montreuil).

1. *Valloires*, commune d'Argoules (Somme).

VII

1224, Janvier. — Hugues de Jumel vend aux lépreux du Val la moitié du terrage de quatre-vingt journaux de terre au Halloy.

Universis presentibus et futuris quibus presentes litteras videre contigerit, Johannes de Sains, decanus Monsteroli, salutem in Domino. Noverit singulorum universitas quod Hugo de Juhimes [1], miles, vendidit leprosis de Valle medietatem terragii octoginta jornaliorum terre jacentis in Haloio [2], quam terram ipsi leprosi possidebant cum alia medietate terragii, et concessit eam ipsis in perpetuum pacifice possidendam.

Guilla vero uxor ipsius Hugonis in nostra constituta presentia, resignavit in manu nostra quicquid in eodem terragio nomine dotalitii poterat reclamare, et abjuravit, prestito fidei sacramento, quod ipsis leprosis per se vel per alium nullum de cetero dampnum inferre presumet aut gravamen. Affidavit etiam quod de amicorum suorum consilio spontanea et sine coactione aliqua venditioni isti consentiebat, recipiens a marito suo in recompensacione dotalicii sui quatuordecim jugera terre jacentis in Wastinis juxta nemus de Bugnisilva [3].

Quod ut ratum habeatur et illesum nos, ad petitionem partium, presentem paginam sigilli nostri munimine confirmamus. Actum anno gracie ab Incarnatione Domini M° CC° XX° tercio, mense januario.

(Arch. de l'Hôtel-Dieu de Montreuil, B. 34, n° 6 ; *orig. parch.*, fragment de sceau en cire verte).

VIII

1232. — Guillaume de Montcavrel, chevalier, notifie que ses parents ont donné a la maison du Val une rente de deux setiers de blé et approuve cette libéralité.

Ego Willelmus, miles, dominus de Montecaprino [4], notum fieri volo presentibus et futuris quod antecessores mei et pater meus, pro salute ani-

1. *Jumel*, hameau, commune de Beaurainville.
2. *Le Halloy*, commune de Campigneulles-les-Petites.
3. *Bugnesiule*, lieu dit, commune de Sorrus.
4. *Montcavrel*, canton d'Etaples.

marum suarum, dederunt in perpetuam elemosinam domui de Valle Leprosorum de Monsterolo, duos sextarios bladii quos, ob intuitum caritatis, dicti antecessores, pater et frater meus, usque ad tempus meum, dicte domui persolverunt.

Quam duorum sextariorum elemosinam saluti mee providens in futurum ratam habeo; et ut tam a me quam heredibus meis annis singulis semper in festo sancti Remigii apud Montemcaprinum accipienda dicte solvatur domui, presenti pagina, sigilli mei munimine roborata, confirmo. Actum anno Dominice Incarnationis M° CC° tricesimo secundo, mense junio.

(*Id.*, B. 34, n° 7; *orig. parch.*, publié par M. l'abbé Thobois dans son histoire du *château et des seigneurs de Montcavrel, pr.*, p. 127, avec une erreur de date.)

IX

1237, 25 Février. — Bulle confirmative du pape Grégoire IX en faveur de la maladrerie du Val de Montreuil.

Gregorius episcopus, servus servorum Dei, dilectis filiis magistro et fratribus domus pauperum leprosorum de Monsterolo, Ambianensis diocesis, salutem et apostolicam benedictionem.

Cum a nobis petitur quod justum est et honestum, tam vigor equitatis quam ordo exigit rationis ut id per sollicitudinem officii nostri ad debitum perducatur effectum. Quapropter, dilecti in Domino filii, vestris justis postulationibus grato concurrentes assensu, personas vestras et domum in qua sub communi vita degitis, cum omnibus bonis que impresentiarum rationabiliter possidet aut in futurum poterit adipisci, sub beati Petri et nostra protectione suscipimus. Specialiter autem terras, possessiones, domos, vineas et alia bona vestra, sicut ea omnia juste et pacifice possidetis, vobis et per vos domui vestre auctoritate apostolica confirmamus et presentis scripti patrocinio communimus, districtius inhibentes ne quis de hortis et virgultis vestris seu de vestrorum animalium nutrimentis decimas a vobis exigere vel extorquere presumat.

Nulli ergo hominum liceat hanc paginam nostre protectionis, confirmationis et inhibitionis infringere, vel ei ausu temerario contraire. Si quis autem hoc attemptare presumpserit, indignationem omnipotentis Dei et beatorum Petri et Pauli apostolorum ejus se noverit incursurum.

Datum [In]teramni V. Kalendas martii, pontificatus nostri anno decimo.

(Bibl. nat., *Collection Moreau, chartes et diplômes*, t. CLIII, f° 4; d'après l'original de l'ancien Hôtel de Ville de Montreuil).

X

1239, Décembre. — Robert Gannes, bourgeois de Montreuil, son fils Jean et Marguerite, femme de ce dernier, vendent vingt-trois journaux de terre, moins un quartier, sis a la Haie-Becquet, aux lépreux du Val, pour le prix de 21 livres parisis.

Viro venerabili et discreto magistro J. de Carn[oto], diocesis Ambianensis clerico et officiali, magister Petrus dictus Cordiarius, decanus cristianitatis in Monsterolo, salutem et paratam obsequentiam cum honore. Noverit discretio vestra quod in nostra constituti presentia, Robertus dictus Ganes, Joannes filius ejus, burgenses Monsteroli et Margareta uxor dicti Johannis recognoverunt se vendidisse viginti tria jornalia quartario minus, terre jacentis juxta haiam Biecquet, magistro et fratribus leprosarie Monsteroli, pro viginti una libris parisiensibus sibi numeratis, perpetuo possidenda. Dicta vero Margareta, que in dicta terra vendita dotalitium habere dicebatur, recognoscens et juramento firmans quod huic venditioni, non coacta, sed spontanea, benignum prebebat ascensum et quod ad dicto Joanne marito suo, sufficiens et sibi gratum receperat excambium, videlicet septemdecim jornalia terre jacentis in territorio de Sorus [1], que quondam fuerant Joannis Pesel, juxta terram Arnulphi de Beutin, omni juri dotalitii et alterius modi quem habebat vel habere aut reclamare poterat in dicta terra vendita, penitus renunciavit et in nostris manibus illud jus et ad opus dictorum magistri et fratrum resignavit, fidei tam ipsa quam dicti Robertus et Joannes ejus filius prestantes juramenta quod in dicta terra nichil in posterum reclamabunt, nec dicto magistro sive fratribus dictæ leprosiæ super hoc molestiam inferent aut gravamen.

In cujus rei testimonium et munimen, presentes litteras ad perpetuum dictarum partium factas et sigillatas ad vos transmittimus, vos rogantes quatenus premissa sigillo curie Ambianensis confirmari faciatis. Actum anno Domini millesimo ducentesimo trigesimo nono, mense decembri.

(Arch. de l'Hôtel-Dieu de Montreuil, B. 34, nº 8; *copie papier* du XVIIe siècle).

1. *Sorrus*, canton de Montreuil.

XI

1252. — JACQUES DE BEUTIN ET JEANNE, SA FEMME, VENDENT AUX LÉPREUX DU VAL 355 JOURNAUX DE TERRE, A DOMESELVE, TORTEVAL ET PRÈS DU BOIS DE LA SUZOIE.

Universis presentes litteras inspecturis, Girardus, Dei gratia Ambianensis episcopus, salutem in Domino. Universitati vestre tenore presentium volumus esse notum quod in nostra constituti presentia, Jacobus de Buetin, burgensis de Monsterolo, et Johanna ejus uxor, gravi, sicut assererunt, onere debitorum depressi, pro communi utilitate et necessitate sua recognoverunt se imperpetuum vendidisse domui Leprosorum de Valle Monsteroli trecenta et quinquaginta quinque jornalia terre arabilis site in tribus pechiis, quarum una sita est in loco qui vocatur Douneselve [1], alia in loco qui dicitur Torteval; residuum vero in tenemento castellane Sancti Audomari et tenemento domini Ade de Juimes [2] militis, inter nemus de Susoie [3] et iter quod tendit de Blauvile apud Escuir [4], quolibet scilicet jornali pro viginti quinque solidis parisiensibus, dictis Jacobo et ejus uxori jam solutis in pecunia numerata, totaliter et ad plenum.

Dicta siquidem Johanna, que in dicta terra vendita dotalitium dicebat se habere, coram nobis recognoscens et juramento firmans quod huic venditioni, spontanea, non coacta, benignum prebebat assensum, et quod a dicto Jacobo, marito suo, sufficiens et sibi gratum receperat excambium, videlicet medietatem mortui ministerii dicti mariti sui cum alia medietate ejusdem mortui ministerii que ab eodem marito dicte Johanne antea concessa fuerat in dotalitium, et septies viginti libras parisienses ejusdem venditionis eidem Johanne in sicca pecunia numeratas, cum viginti septem jornalibus terre sitis inter Soierru [5] et Haloy et cum viginti quinque solidis parisiensibus annui census quos dictus Jacobus habet apud Soierru.

Et illud dotalitium ad opus dicte domus in manu nostra spontanee resignavit, promittentes, juramento et fide corporali prestitis, tam dictus Jacobus quam dicta Johanna, quod contra hujusmodi venditionem non venient, nec dictam domum procuratores aut provisores ipsius vel aliquem de domo eadem, occasione hujus venditionis, nomine dotalitii seu aliquo alio nomine, molestabunt; nec per alium procurabunt molestari.

In cujus rei testimonium et munimen perpetuum, presentes litteras sigilli nostri munimine fecimus roborari. Actum anno Domini M° CC° quinquagesimo secundo, mense aprili.

(Id., n° 9, orig. parch.)

1. *Domeselve*, sur Ecuires.
2. *Jumel*, hameau de Beaurainville.
3. *La Suzoie*, ferme, commune d'Ecuires.
4. *Ecuires*, canton de Montreuil.
5. *Sorrus*, canton de Montreuil.

XII

1260, Juin. — Wautier, sire de Nempont, notifie que le maitre et les frères de la maladrerie du Val de Montreuil ont acquis de Raimbert de Beaumerie 100 journaux de bois.

Jou Wautiers, sires de Nenpont devers Monstruel [1], fais conute chose à tous chaus ki ces présentes letres verront et orront ke li maistres et li frère de le maladrerie du Wal de Monstruel ki adonkes estoient, akatèrent iretavlement avoeke le maison devant dite, à Rainbert de Belmeri [2], men home, de men assentement, cent jorneus de bos ke on apele le bos Rainbert, ki siet encosté le bos medame Ele et le bos du Wal, par XXVII livres de paresis et demie ; desqueus deniers li devant dis Rainbers reconut pardevant mi qu'il en avoit reçut bon paiement et loial en deniers bien contez et bien nonbrez.

Et avoekes tout chou li maistres et li frère de le maladrerie devant dite doivent au devant dit Rainbert, cascun en, iretavlement, un mui de blé qu'il li doivent paier de Saint-Remi en Saint-Remi, du milleur après leurs semences ; de tel ke li couvens de le maladrerie devant dite mangera. Lequel mui de blé il li sont tenus rendre avoec le somme de l'argent devant dit por le vente du bos devant dit.

Et si est asavoir ke s'il y avoit plus II jorneus de bos au mains del nonbre devant dit, ke par chou ne monteroit ne abesceroit li nonbres de le vente devant dite ; mais se estoit qu'il en i eust plus de II [jor]neus, outre le nonbre nommé ou moins ..... *(le reste illisible)*.

Che fu fait en l'an de l'Incarnation Nostre Sègneur mil CC LX, el mois de juing.

(Id., no 10).

XIII

1261, Janvier. — Le même notifie diverses libéralités faites a la maison du Val

Ego, Walterus de Nempont, notum facio universis presentes litteras inspecturis quod cum Raimbertus de Biaumeri teneret de me hereditarie ad homagium centum jornalia nemoris vel circiter sita inter boscum domine

1. *Nempont-Saint-Firmin*, canton de Montreuil.
2. *Beaumerie-Saint-Martin*, canton de Montreuil.

Elaine et markaisium de Rankes, et pro quo nemore leprosi de Valle Monsteroli annis singulis unum modium bladi dicto Rainberto reddere tenebantur et ad idem homagium idem Raimbertus teneret de me hereditarie unum modium mestillonii quod abbas et conventus Beate Marie de Longovillari eidem Raimberto annis singulis reddere debebant, dictus Raimbertus per legem et per assensum meum vendidit in perpetuum et quitavit dictis leprosis, pro quadam pecunie summa eidem Raimberto bene et legitime numerata et soluta, dicta centum jornalia nemoris vel circiter, cum dictis duobus modiis. Quam venditionem ego, dictus Walterus, teneor dictis leprosis erga omnes, juri et legi parere volentes, garandire.

Preterea ego, Walterus predictus, eisdem leprosis vendidi in perpetuum et concessi per oppressionem debitorum meorum pro quadam pecunie summa michi ab ipsis leprosis bene et legitime numerata et soluta, homagium prenotatum, nichil juris michi aut heredibus meis retinens in eodem. Pro quo homagio dicti leprosi tenentur reddere in perpetuum annis singulis domino de Mentenai[1] et heredibus suis, ad natale Domini, unum par curtecarum, valoris quatuor denariorum, vel quatuor denarios parisienses censuales.

Hanc autem dicti venditionem homagii, prout superius est expressa, ego, dictus Walterus, teneor dictis leprosis contra omnes juri et legi parere volentes, garantire ; promittens et per expositionem omnium rerum mearum me obligans quod heres meus, cum etatem habebit legitimam, concedet bene et legitime et ratam habebit venditionem predicti homagii in forma supradicta, infra dimidium annum in quo dictus heres meus etatem legitimam habebit, si super hoc a dictis leprosis fuero requisitus vel ex parte eorumdem. In cujus rei testimonium et munimen presentes litteras dictis leprosis tradidi, sigilli mei munimine roboratas. Actum anno Domini M° CC° LX°, mense januario.

(Id., n° 11, orig. parch.)

XIV

1261, Janvier. — Enguerran de Maintenay confirme, comme seigneur, la vente d'un hommage faite pardevant lui par Wautier de Nempont.

Ego Ingerrannus, miles, dominus de Mentenaio[1], notum facio universis presentes litteras inspecturis, quod Walterus de Nempont, homo meus, in mea propter hoc presentia constitutus, recognovit se in perpetuum vendidisse leprosis de Valle Monsteroli pro quadam pecunie summa sibi bene et legitime numerata et soluta, quoddam homagium quod idem Walterus de me hereditarie tenebat : videlicet totum homagium quod Raimbertus de

1. *Maintenay*, canton de Campagne.

Biaumeri tenere solebat hereditarie de Waltero predicto. In quo quidem homagio continentur centum jornalia nemoris vel circiter, jacentia inter boscum domine Daive et marcaisium de Rankes, et unus modius bladi quem dicti leprosi eidem Rainberto annis singulis hereditarie reddere solebant pro nemore supradicto, et etiam unus modius mestillonis quem abbas et conventus Sancte Marie de Longovillari predicto Raimberto annis singulis hereditarie in grangia sua de Ruaumont [1] reddere tenebantur pro quadam pechia nemoris quod vulgariter li bos Huré appellatur, jacentis inter marcaisium de Rankes et Fierfust [2].

Hanc autem venditionem supradictam ego dictus Engerrannus, de cujus feodo dictum homagium movet, benigne concessi et tamquam dominus superior confirmavi ad petitionem Walteri prenotati, et pro eodem Waltero me fidejussorem adversus dictos leprosos constitui super hoc videlicet quod infra annum dimidium, in quo heres predicti Walteri ad etatem legitimam pervenerit, ego dictum heredem faciam bene et legitime concedere venditionem supradictam, si super hoc fuero submonitus ab eisdem, vel ex parte ipsorum.

Sed istud sciendum est quod predicti leprosi tenentur in perpetuum reddere michi et heredibus meis annuatim in Natali Domini unum par cirotecarum albarum, quatuor denarios parisiensis monete valentium annui redditus, vel dictos quatuor denarios pro homagio prenotato. Et per dictum censum annuum ego dictus Ingerrannus teneor venditionem supradictam sepedictis leprosis erga omnes juri et lege parere volentes, garandire et ad eandem vel similem garendiam faciendam heredes meos obligavi.

In quorum omnium testimonium et munimen presentes litteras ad petitionem utriusque partis predicte prenominatis leprosis tradidi sigilli mei munimine roboratas. Actum anno Domini M° CC° L° X°, mense januario.

(Bibl. nat., *collection D. Grenier*, vol. CCLXI, f° 95 r° ; d'après l'original des anciennes archives de l'Hôtel de Ville de Montreuil ; pièce cotée XLI).

XV

1266. — Wautier de Nempont notifie la vente faite par Aala Sanse aux lépreux du Val, de terres au Quesnoy de Wailly.

Ego, Walterus de Nempont, notum facio universis presentes litteras inspecturis quod Aala, filia Balduini dicti Sanse, aagiata, per consensum dicti Balduini et per concessionem Willelmi dicti le Maruoie, avunculi et heredis ejusdem Aale, vendidit hereditarie et per legem magistro et fratribus leprosorie de Monsterolo, pro quadam pecunie summa eidem Aale bene et legitime numerata et soluta, quandam pechiam terre quam dicta Aala

1. *Romont*, château, commune de Buire-le-Sec.
2. Le bois de *Ferfeu*, commune de Boisjean.

tenebat de me per duodecim denarios parisienses censuales, sitam juxta Kaisnetum de Walliaco [1], viginti jornalia vel circiter continentem.

Huic autem venditioni ego, Walterus de Nempont supradictus, per laudationem hominum meorum qui predicte venditioni presentes interfuerunt et judicaverunt eamdem legaliter esse factam, benignum concensum prebui, tanquam dominus, et assensum, volens et concedens quod predicti magister et fratres imperpetuum teneant de me et heredibus meis pacifice et quiete predictam pechiam terre per duodecim denarios parisienses annui census michi et heredibus meis annis singulis persolvendos ; et per dictum censum teneor eandem pechiam terre garandire predictis magistro et fratribus contra omnes juri et legi parere volentes, obligans heredes et successores meos ad eandem vel similem garandiam faciendam.

Item concedo et ratam habeo venditionem quam predictus Willelmus li Maruoles fecit hereditarie sepedictis magistro et fratribus de quadam alia pechia terre sita supra predictum Kaisnetum, viginti quinque jornalia terre vel circiter continente ; promittens, fide et juramento corporaliter prestitis, quod contra istam venditionem de cetero non veniam ullo modo. Immo predicta viginti quinque ve[l] circiter jornalia terre eisdem magistro et fratribus contra omnes juri et legi parere volentes garandisabo ad proprios sumptus meos et eodem modo heredes meos obligo.

In quorum omnium testimonium et munimen presentes litteras predictis magistro et fratibus tradidi, sigilli mei appensione roboratas. Datum anno Domini M° CC° LX° sexto, mense julio.

(Arch. de l'Hôtel-Dieu de Montreuil, B. 34, n° 12 ; *orig. parch.*)

XVI

1270, 27-30 Avril. — Baudouin de Fiennes, chevalier, vend aux lépreux du Val une rente de cinq muids de seigle et d'avoine et en plus 38 journaux de terre, aux haies de Wailly.

Jou Baudeuvins dis de Fienlles [2], chevaliers, fais savoir à tous cheus ki sunt et ki à venir sunt, ki ches présentes letres verront et orront, ke jou ai vendu à le maladrerie du Val de Monstruel, de ce Saint-Remi prochiene à venir, truskes à VIII ans continueus, par un pris d'argent dont je me tieng bien apaiés, V muis, au mui de Monstreul, ch'est à savoir : II muis de soile et trois muis d'avaine, lesques muis le devan dite maladerie rendoit à mi chacun an par raison de rente. Et si ai achensi à le devan dite maladerie par un pris d'argent dont je tieng bien apaiés, XXXVIII journeus de tere, peu plus, peu mains, lequele tere siet au Caisnoi de Walli et aboute au

1. *Wailly-Beaucamp*, canton de Montreuil.
2. *Fiennes*, canton de Guines.

kemin Sanneret, ki vient de Waben ; et, se il avenoit chose ke le devant dite maladerie avoit cous ne damages en quelconque manière ke che fust, par l'espasse des VIII ans devant noumés, par l'okoison de le vente et de l'acensischement devant dit, je, Baudeuuins devan dis, seroie tenus à rendre tous cous et tous damages à le maladrerie devan dite, à l'eswart de le vile de Monstruel.

Et sui tenus à warandir toutes les choses devan dites par l'espasse de VIII ans devant noumés à le malederie devant dite, envers tous chaus ki droit et loi wauroient atendre.

Et tant keme à che, pour che ke toutes ches choses soient fermes et estables, en ai jou obligié envers le malederie devant dite tous mes biens présens et à venir et toutes mes rentes en quel lieu k'ele soient. Et pour che ke jou, ne autres, ne peussons noter usure el marké ke jou ai fait à le maladerie devant dite, je doins pour Diu en ausmosne à le maison de le maladerie devant dite, pour estre ès prières de le maison devant dite, toutes les usures ke on porroit noter et clamer pour l'okoison du markié devant dit, et renunche, tant ceme à chou à tous privileges empétrés et à empêtrer, à toutes aives de crois prinse et à prendre et à toutes exceptions ke jou et autre poeroient objicier pour l'okoison du marké devant dit envers ches présentes letres.

En tiesmongnage pour che ke toutes ches choses, ensi k'ele sont deseuree dites et expressées soient fermes et estables, jou Baudeuins, chevaliers devant noumés en ai baillié au maistre et as frères de le maladerie devant dite ches présentes letres seelées de men propre seel. Che fu fait en l'an de l'Incarnation Nostre Segneur mil et deux cens soissante dis, en le deeraine semaine d'avril.

(*Id.*, n° 13 ; *orig. parch.*, copie dans Moreau, t. CXCIV, f° 201).

XVII

1270, 1-7 Mai. — Confirmation de l'acte qui précède par Enguerran de Fiennes, frère de Baudouin

Jou Engerans, chevaliers, sires de Fienlles, fais savoir à tous cheus ki sont et ki à venir sont, ki ches présentes letres verront et orront, ke je weul et otri benement, keme oirs, le don ke Baudeuuins de Fienlles, chevaliers, mes frères, a fait pour Diu, en aumosne, pour faire sen anniversare cascun an, à le maison de le maladerie de Monstreul, selonc chou ke il est contenu ès letres Baudeuuin, men frère devant dit, les keles font mention del don ke Baudeuuins, mes frères devant dis, a fait irretavlement à le maison de le maladerie devant dite ; ch'est assavoir de un mui de aveinne au mui de Moustreul, le keil Baudewins, mes frères, a douné iretavlement à le maison devant dite ; le keil mui le devant dite maisons rendoit à li cascun an. Et si otri bonement le don des XXXVIII journeus de tere, peu plus, peu meins.

Le kele terre Baudeuuins, mes frères devant dis, a donné irretavlement à le maison devant dite; le kele tere est au Kaisnoi de Wailli et aboute au kemin Saunerech ki vient de Waben. Et pour chou ke chist don soient ferm et estable, jou, Engerans, chevaliers, sires de Fienlles, à le requeste de Baudewin, men frère devant dit, ai baillié au maistre et as frères de le maison devant dite ches présentes letres confermées et enscellées de men propre seel, faices et dounées en l'en de l'Incarnation Nostre Seigneur mil deus cens soisante dis, en le primereinne semeinne de mai.

(Id., n° 15; orig. parch.)

XVIII

1270, 1-7 Mai. — Confirmation par Guillaume de Fiennes.

Jou Willaumes, chevaliers, dis de Fienlles, fix et oirs monseigneur Engeren, chevalier et seigneur de Fienlles, fais savoir à tous cheus ki sont et ki à venir sont, ki ches présentes letres verront et orront, kumme mesire Baudewins de Fienlles, chevaliers, mes oncles, ait vendu, de le feste Saint-Remi première à venir, truskes à VIII ans continueus, à le maison de le maladerie de Monstreul, V muis de greins au mui de Monstreul, c'est à savoir deus muis de soile et trois muis d'aveine, les keus V muis le maisons devant dite devoit de rente cascun an à mon seigneur Bauduuin, men oncle devant dit, et ait loué mes oncles devant dis et acensi à le maison devant dite, de le feste Saint-Remi première à venir, truskes à VIII ans continueus, XXXVIII journeus de tere, peu plus, peu meins, le kele tere est à Kaisnoi de Wailli et aboute le tere devant dite au kemin Saunerech, qui vient de Waben, selon chou ke les letres monseigneur Baudewin, men oncle devant dit en font mention, je, Willaume devant dis, voeul et otri bounement le vente, le louage, l'acensiscement ke mes oncles devant dis a fait à le maison devant dite. Et se che estoit chose ke le maisons devant dite ou ses commans avoit cous et damages en aucune manière pour l'okoison du markié ke mes oncles devant dis a fait à le maison devant dite ou as frères de le dite maison, jou Willaumes, chevaliers devant dis, seroie tenus à rendre cous et damages truskes à XX lib. de paresis à le maison devant dite ou à sen commant, à l'eswart de le vile de Monstreul.

Et pour chou ke ces choses soient fermes et estables, à le requeste monseigneur Baudeuuin, men oncle devant dit, ai jou baillié au maistre et as frères de le maison devant dite ches présentes lettres confermées et enscelées de men proppre seel, faites et données en l'an de l'Incarnation Nostre Seigneur mil deus cens soisante dis, en le premereine semeine de mai.

(Id., n° 14, orig. parch.)

XIX

1270, 1-7 Mai. — Autre confirmation par Guillaume de Fiennes, neveu de Baudouin

Jou Willaumes dis de Fienlles, chevaliers, fix et oirs monseigneur Engeren, chevalier et seigneur de Fienlles, fais savoir à tous cheus ki sont et ki à venir sont ki chez présentes letres verront et orront, ke je weul et otri bonement le don ke mesires Baudewins de Fienlles, chevaliers, mes oncles, a fait pour Diu, en aumosne, pour faire sen anniversare cascun an à le maison de le maladerie de Moustreul, selon chou ke il est contenu ès letres monseigneur Baudewin, men oncle devant dit, les keles font mention del don ke mes oncles devant dis a fait irretavlement à le maison de le maladerie devant dite; ch'est à savoir, de un mui d'aveine, au mui de Moustreul, donné irretavlement à le maison devant dite de monseigneur Baudewin, men oncle devant dit, le kel mui le maisons devant dite rendoit cascun an à monseigneur Baudewin devant dit et de XXXVIII journeus de tere, peu plus, peu meins, ke mesire Baudewins, mes oncles devant noumés, a douné irretavlement à le maison devant dite; le kele tere siet au Kaisnoi de Wailli et aboute au kemin Saunerech ki vient de Waben.

Et pour chou ke chest don soient ferm et estable, jou, Willaumes devant dit, ai baillié au maistre et as frères de le maladerie devant dite ches presentes letres confermées et enseelées de men propre seel, faices et données en l'en de l'Incarnation Nostre Seigneur mil CC soisante dis, en le première sepmeinne de mai.

(*Ibid.*, n° 15, *orig. parch.*, scellé d'un sceau rond de cire blanche pendant sur queue de parchemin, contre-sceau à l'écu chargé de *3 lions, posés 2 et 1.*)

XX

1270, Mai. — Saisine donnée par Guillaume de Waben, pour la vente faite a la maison du Val par Gilles de Campigneulles, de 33 journaux de terre.

Jou Willaumes de Waben, chevaliers, fais savoir à tous chaus ki ches letres verront et orront ke Gilles de Campegneules a vendu iretavlement par l'assentiment de Margerie, sa fame, de Jehan, sen fil et sen oir, à le maison de le maladrerie du Wal de Mostruel, XXXIII journeus de tere ou là entour, li quele tere siet joignant des teres du Val et joinant du bos de le berkerie du Val, pour une somme d'argent dont chil Gilles devant dis se tient à bien paiés.

Et fu faite cheste vente en court, par jurement, par devant mi et mes hommes ; et de cheste tere devant dite me doivent rendre chil de le maladerie du Val de Moustruel XII d. de cens chascun an au Noel. Et par ches XII d. devant dis de cens, sui je tenus à warandir envers tous chaus ledite maladerie ki à droit et à loi wauront venir, keme sires.

Et pour che ke ches koses devant dites soient fermes et etavles, ai je baillié à chaus de le maladerie du Val de Moustruel ches letres seelées de mien propre seel, en l'en de l'Incarnation Nostre Ségneur mil deus cens ans et soissante dis, el mois de mai.

(Id., n° 16, orig. parch.)

XXI

1271, 25 Novembre. — Ensaisinement par Jean de Nesles, comte de Ponthieu, de Montreuil et d'Aumale, et par Jeanne, reine de Castille et de Léon, sa femme, de la vente du bois Raimbert, faite a la maladrerie du Val de Montreuil par Raimbert de Beaumerie et de l'échange d'un muid de blé, a prendre sur la grange de Romont, contre le bois Huré.

Nous Jahan de Neelle, cuens de Pontieu, de Moustereul et d'Aubemarle, et nous Jahanne, par la grace de Dieu, royne de Castellan et de Léon, conteste des devant diz lieux, sa fame, savoir [faisons] à tous caeux qui ces presentes lettres verront et orront que le marchié et la vente que Raimbers de Beaumerie a faite au maitre et ax frères de le maladerie du Val de Moustereul de cent jornex de bos, deus [1] plus ou deus mains, que on appelle le bos Raimbert, et d'un mui de blé que li abbés et li convens de Lonvillers rendoient chascun an au devant dit Raimbert, de le grange de Reeumont [2], pour une piece de bos que on appelle le bos Huré, si comme il est contenu es lettres Wautier, sire de Nempont, que nous avons veues, de qui le devant dit bos et le devant dit blé mouvoient après tout le marchié et toute la vente que cil Wautier et li dis Wautier le tenoit de monseigneur Enguerrans de Menthenay, si comme il est contenu es lettres le devant dis monseigneur Enguerran que nous avons veues saellées de son sael, nous, comme souverain seigneur, voulons, gréons et otroyons et les devant dites ventes, si comme elles sont devisées es lettres des devant dis Wautier et

1. *Lire :* peu plus, peu mains.

2. *Romont,* château, commune de Buire-le-Sec.

monseigneur Enguerran, que nous avons veues et asqueles nous ajoustons foy, approuvons et confermens et prametons et i son euls tenuz, les devant dites rentes a guarandir aux devant dis maitre et les frères à tosjors mais contre tous qui à droit et à loy vaudront venir, et à ce obligons nous, nos hoirs de Pontiu qui après nous en seront seigneur, et, en confirmation de ce avons nous mis nos propres sei[a]ux en ces présentes lettres, qui furent faictes l'an de grace mil deus cens soyssante onze, ou mois de novembre, le mercredy après saint Clyment.

(Bibl. nat., *collection Moreau*, t. CXCVI, f° 78; d'après l'ancien original des arch. de l'Hôtel de Ville de Montreuil scellé de deux grands sceaux, le premier rond en cire verte, au type chevaleresque, sur double lacs de soie verte, avec la légende : *S. de Nigell., comitis Pontivi;* contre-sceau aux armes de Ponthieu ancien. Le second ogival, en cire blanche, pendant sur double lacs de soie, au type féminin, accompagné de fleurs de lys. Contre-sceau écartelé de Castille et de Léon.

XXII

1280. — Transaction entre l'abbaye de Saint-Saulve et la Maladrerie du Val.

Nous Jehans, par la grase de Dieu abbé de Saint-Sauve en Monstruel, et tous li convens de chel mesme lieu, faissons asavoir à tous chaus ki ches presentes lettres verront et orront ke comme Martins de Mellemont [1], bourgeois de Monstruel, jadis eust donné pour Dieu et en aumosne en se derraingne volenté à chaus du Val les Malades de Monstruel, dis et wit journeus et demi de terre ou la entour, assis em pluisseurs pieches chi dessous dénommées; il est à savoir : nuef journeus de terre ki sieent de là le granche Wistasse de Bueting [2] et joinnent à le terre Mahieu Danjart, dont on rent Ernoul de Bouloigne, nostre home, deus deniers de chens par an; quatre journeus de terre ke chil Martins acata au fil Williaume Loissel, d'Escuir, et joignent à le terre demisselle Maroie du Mesnil, lesquels III journeus on tient dudit Ernoul de Bouloigne à téraige; trois journeus de terre ki sieent encosté le terre ki fu Huon Grosse Teste, de là le crois de le banlieue, et joinnent à le terre ki fu Robert de le Plache, dont on rent un denier de chens au Noel à cheli Ernoul, et deux journeus et demi de terre ki sieent encosté le terre Henri le Fournier, dont on rent quatre deniers de chens par an à cheli Ernoul, de rellief, comme chil Martins devant dis eust donné en se derraingne volenté perpetuelement à chaus du Val les Malades devant dis quinsse saus et wit deniers de chens par an, dont Emmeline, le femme Mahieu Triket d'Escuir, rent par an VIII saus à III termes de trois journeus et demi de terre, ou là entour, ki sieent de cha le bos le Cokin, et Thoumas Birelike en rent VII saus et

1. *Merlimont*, canton de Montreuil.

2. *Beutin*, canton de Montreuil.

VIII deniers de quatre journeus, un quarteron mains, de terre ou la entour, ki sieent encosté cheli terre ke Emmeline, la feme Mahieu Triket tient; desquels XV saus et VIII deniers de chens on rent audit Ernoul dousse deniers de chens par an. Liquele terre et liquel chens devant dit sont hors de le banlieue de Monstruel. Et comme il fust ensi ensement ke chiex Ernous, nos hons devant dis, de qui on tient chele terre et ches chens devant dis, vausist, après le dechest cheli Martin de Mellemont, contraindre chaus du Val devant dis à chou ke il messissent ches XVIII journeus et demi de terre et ches XV saus et VIII deniers de chens devant dis hors de leur main pour le raison de morte main, chiex Ernous, nos hom, d'une part, et li maistres et li frère du Val devant dit, d'autre, par le consel de bone gent, ordenèrent entre aus et à chou s'acordèrent bénignement par devant nous et par devant nos homes en no court, que chil du Val devant dit tenront dès ore mais en avant parmanablement ches XVIII journeus et demi de terre et ches XV saus et VIII deniers de chens, les chens paiant à cheli Ernoul ke on li doit. Et a juré chix Ernous et créanté par devant nous et par devant nos homes ke il laira dès ore mais en avant chaus du Val devant dit goïr et faire leur pourfit en conques manière ke il leur plaira de ches XVIII journeus et demi de terre et de ches XV saus et VIII deniers de chens, les chens paiant ke on li doit, ki desus sont dit et dénommé. Et par le raisson de cheste ordenanche et de cheste concordanche, chil du Val devant dit ont baillié audit Ernoul, nostre home, cent saus de paresis, lesquels il a rechut et dont il se tient bien et entièrement apaiiés.

Et nous, en confermant l'ordenanche et le concordanche devant dite, nous assentons, volons et otrions ke chil du Val devant dit tiengnent ches XVIII journeus et demi de terre et ches XV saus et VIII deniers de chens devant dis dès ore mais en avant et en fachent leur pourfit en quelconques maniere ke il leur plaira, et leur prametons et à cheu nous obligons ke nous leur lairons goïr paissivlement de chele tère et de ches chens devant dis en le fourme devant dite. Et pour chou ke nous sommes asentu et asentons encore come kiés sires ..... ches choses devant dites, chil du Val devant dit nous renderont par an au Noel trois saus de chens et recongnissanche; desquels III saus de chens devant dis nous avons ore en droit à tenant frère Vinchent, frère du Val de M[onstruel], et après sen deches, chil du Val nous doivent baillier tenant toutes les fies ke nous ne l'aions, relief paiant nouvel de sis saus à chascun tenant. Et se en défaloient, nous poons saissir à chascune fie ke il en défauront, toutes les tenanches clossement et chascune, si comme elles sont contenues en ches présentes letres et empoons prendre les lois. Et se il avenist chose en aucun tans ke chil du Val fuissent constraint à chou ke il meississent chele tere et ches chens hors de leur main, chiex Ernous, nos hom, leur seroit tenus à rendre les cent saus devant dis ke il a rechut d'aus et si seroient quite chil du Val de ches III saus de chens ke il nous doivent rendre el nom de le reconnissanche devant dite; et si seroit du tout en tout de chele tere et de ches chens devant dis, en autel point et en autel manière, comme il estoit par devant l'ordenanche et le concordanche devant dite.

Et à toutes ches choses tenir et aemplir selonc chou k'eles sont devant devissées, a, chiex Ernous, obligié li et ses oirs et tous ses successeurs.

Che fu fait et reconnut par devant Bauduin le Clerc de Waben, prevost le roi de Monstruel adonc, Jehan de le Porte, Ernoul le Prevost d'Ating [1] et Wistase de Waben, hom[mes] le roi, apelés à chou faire monségneur

1. *Attin*, canton d'Etaples.

Jehan, chevalier, seigneur de Wailli, Pierron de Saint Aubin, Robert Trachars, Huon Lar[dé], Pierron de Lonepré [1], Robert à le Hache et Climent à le Hache, sen frère, nos hommes et pluisseurs autres ; et fu fait et recounut en court par devant nos hommes devant dis.

Et pour chou ke toutes ches choses devant dites et contenues en ches présentes letres soient fermes et bien estavles, nous Jehans, abbé de Saint-Sauve devant nommés et tous li couvens de chel meisme lieu avons ches présentes letres scellées de nos propres seiaus, faites et dounées en l'an de l'Incarnation Nostre Ségneur mil deus cens et quartre vins, el mois de julé.

(Arch. de l'Hôtel-Dieu de Montreuil, B. 34, n° 17, *orig. parch.*)

XXIII

1286, Juin. — Vidimus du roi de France Philippe le Bel confirmant l'accord passé entre Edouard, roi d'Angleterre et Aliénor, comtesse de Ponthieu, d'une part, les abbés et religieux de Saint-Saulve, d'autre part, touchant la justice de l'enclos de l'abbaye a Longpré, Verton, Airon, Monthuis, Campigneulles et le Val-des-Malades.

Philippus, Dei gratia Francorum rex, notum facimus universis tam presentibus quam futuris, quod nos litteras egregii principis carissimi consanguinei nostri et Dei gratia regis Anglie, domini Hibernie et ducis Aquitaniæ fidelis nostri et Alienordis ejus consordis per eandem graciam regine Anglie, domine Hibernie, ducisse Aquitanie, comitisse Pontivi et Monsteroli, sigillis eorum sigillatas vidimus in hec verba :

Edward, par la grace de Dieu roy de Engleterre, sire de Yrlande et duc de Aquitaine, et Aliénor, par mesme cele grace, roine de Engletere, dame de Yrlande, comtesse de Aquitaine, comtesse de Pontieu et de Monsteroil, à tous qui cestes présentes lettres verront et orront, salut.

Come débas fut meuz entre nous et hommes discrez et religieux le abbé de Saint Salve de Monsteroil et le covent de mesmes cel lieu, par nostre féal et léal Thomas de Sandwic, nostre sénéchal en Pontieu, qui disoit que toute haulte justice ès terres et ès tenances dudit abbé et le covent en la contée et en la seignorie de Pontieu et de Monsteroil à nous appartenant, si comme Longpré, Verton, Ayron [2], Conchy, Arry [3], Wis [4], Mon-

1. *Longpré-les-Corps-Saints* (Somme).
2. *Airon-Notre-Dame*, canton de Montreuil.
3. *Arry*, arrondissement d'Abbeville (Somme).
4. *Vis-ès-Marais*, hameau, commune de la Calotterie.

tawis [1], Campeigneles [2] et le *Val des Malades* et aussy la viscontée en aulcuns des dits lieux, et li diz abbés et li covent pour eux et pour leur église chalansassent et demandassent ladite haulte justice, ès avant dites terres, et de leur hommes ensement et viscontée en aucunes des mesmes celes terres, par chartres à eux données de mes ancestres, à la parfin, par le coement de nostre conseil, nous sommes en ce accordez et assenti que nous avons reconut et reconoissons appartenir audit abbé, au covent et à leur église la viscontée et quanque à viscontée appartient ès terres dessus dictes et en toutes les terres que il tiennent et que hom tient de eus en le conté et en le seingnurie de Pontieu hors de la ville et la banleue de Monsteroil, et toute justice haulte et basse dedens les murs et l'enclos de leur abbye et en la plache Saint-Salve de Mosteroil, ensy come ele s'estend, sauve à nous et à nos hoirs le kemin entour ladicte place, si come ele s'estent par devers les masures queque il soient et par devers les ostes, liquel kemin doit contenir sis piés de lee à conter du soil des maisons desus dictes, sy avant qu'il se poeut estendre sous la dite place ; en quel kemin de sis piés nous retenons toute justice haulte et basse, retenu audit abbé et le covent toute justice haulte et basse et remanant de la dite place et aussy en le yawe de Kanche, come li pescherie de Saint-Salve s'estent dedens le banleue et es molins qui sunt assis desus ladicte yave, et retenu aussi audit abbé et au couvent toute justice haulte et basse à Beumery et à Esquir, en ce que li dis abbés et li covens y tiennent et que hom tient de eus et partout là ou leur fiez s'estendent dedens ladicte banleue, hors des murs de la dicte ville de Monstreul, retenu à nous et à nos hoirs, del assentement dudit abbé et du covent, toute la haulte justice et quanqe à haulte justice appartient, en Longpré, Verton, Airon, Conchy, Ary, Wis, Montawis, Campeigneles et el *Val des Malades* et partout aillers ès terres dudit abbé et le covent quelconqes part que elles soient en nostre contée et en la seignurie de Pontieu, hors de ladite banleue de Monsteroil, et toute la justice haulte et basse dedens les murs de la ville de Monsteroil, hors mis les lieux dessus nommés en la ditte ville, en la banleue, si come dit est, et aussy retenu à nous et à nos hoirs la droicture de la paarie des molins qui sunt assis sour la dite yave, laquelle paarie est tenue de nous et nostre partie tele que nous avons ès amendes dudit abbé et le covent, par la raison de Monkaverel, et ausy nostre justice par tous les kemins, sauve audit abbé et au couvent, si come dit est, ladite place et le kemin del yave dessus dite.

Et faisons asavoir que li dessus dis religieux porront en leurs terres et en leurs fiez achater et porchacer en la maniere que les abbeies, les queles sont dessous nostre cher seingneur et cosin le noble roy de France, poeut acquere en leurs terres et en leur fiez de semblable condicion.

Et que ces choses soient fermes et estavles à tous jours, nous avons fait seeler cestes lestres de nos seels. Donné à Paris le vendredy prochain après le feste Saint-Barnabé apostre, l'an de grace mil cc quatre vins et sis.

Nos vero dictam pacem seu compositionem et omnia præmissa et singula, prout superius continentur, volumus, concedimus et etiam approbamus, salvo jure nostro in omnibus et jure quolibet alieno. Quod ut ratum et stabile permaneat in futurum, presentibus litteris, ad petitionem dictarum partium nostrum fecimus apponi sigillum. Actum Parisius, anno Domini millesimo ducentesimo octogesimo sexto, mense junio.

(Bibl. nat., *collection Moreau*, t. CCVIII, f° 141 ; d'après l'*ancien cartulaire de Saint-Saulve*, f° 7 v°).

1. *Monthuis*, château, commune de la Calotterie.
2. *Campigneulles-les-Petites*, canton de Montreuil.

XXIV

1295, JUIN. — PHILIPPE DE CRÉQUY, SIEUR DE WAMBERCOURT ET AELIS, SA FEMME, CONFIRMENT LE LEGS FAIT A LA MALADRERIE DU VAL, PAR BÉATRIX, CHATELAINE DE SAINT-OMER ET MAHAUT DE RENINGHES, SA FILLE.

Universis presentes litteras inspecturis, nos, Philippus de Creki, dominus de Waubertcourt [1], miles, et Aelidis uxor sua, salutem.

Cum mulier nobilis Beatrix, quondam castellana Sancti Audomari, de assensu et voluntate Matildis quondam dicte de Reninges, filie et heredis ipsius, manerium paschicum du Pen et terram feodi ipsius de Blaouville [2] sitam circum manerium d'Upen quinquaginta et octo jornalium terre que fuit Jacobi de Beuting, pro salute anime sue et antecessorum suorum dedisset et concessisset ad annuum censum decem solidorum parisiensium, domui Leprosorum de Monsterolo que dicitur le Val, et fratribus dicte domus, sub dicto annuo censu decem solidorum pariensium eidem Beatrice et heredibus suis in festo omnium sauctorum singulis annis apud Monsterolum reddendorum, libere possidendam et habendam, ita tamen quod unus fratrum dicte domus et sanus ab eadem et heredibus suis qui pro tempore essent dictum manerium pascichum et terram predictam reciperet et nomine dicte domus sub dicto annuo censu possideret, et cum illum fratrem decedere contengeret fratres dicte domus debebant et poterant constituere quemcumque de fratibus suis vellent, dum tamen esset sanus, qui dictam terram sub dicto censu nomine dicte domus teneret et possideret quem ipsa et heredes ipsius admittere tenebantur, dum tamen eidem vel ipsius heredibus viginti solidi parisienses pro relevio predictorum a fratribus dicte domus solverentur, et sic deinceps perpetuo cum fratrem possidentem dictam terram cum manerio et pascicho, ut dictum est, decedere contingeret, dicte Beatrici et heredibus suis fratres dicte domus reddere tenebantur viginti solidos parisienses pro relevio, ratione fratris, ad possessionem predictorum per ipsam et heredes suos, ut dictum est, admittendi.

Et si dictus census in termino statuto non esset persolutus, dicti fratres tenebantur eidem Beatrici et ejus heredibus singulis annis quibus deficerent in solutione dicti census ad emendam trium solidorum parisiensium et ipsa vel heredes sui nichil a fratribus dicte domus exigere poterant nec debebant ratione predictorum, nisi dictum annuum censum et relevium temporibus et modo supradictis. Dictaque Beatrix, ad premissa firmiter et fideliter perpetuo observanda se et heredes suos specialiter obligavit, prout hec omnia superius expressa in littera dicte Beatricis sigillis propriis ipsius ac etiam

1. *Wambercourt*, canton d'Hesdin.
2. *Blaville*, commune de Boisjean.

dicte Matildis, domine de Reninges, filie et heredis ipsius, sigillata, quam habent dicti fratres penes se, plenius vidimus continet.

Cumque postea Willelmus, quondam castellanus de Sancto Audomaro, dominus de Falcomberga, omnia supradicta, prout in dicta littera continentur, approbasset et in perpetuum obligando, prout hec in litteris prefati Willelmi sigillatas quas habent dicti fratres plenius sunt expressa, noverint universi quod nos premissa omnia et singula, prout in litteris tam dictarum Beatricis et Matildis, quam prefati Willelmi supradictis continentur, volumus, laudamus, approbamus et ea dicte domui et fratribus dicte domus penitus confirmamus nos et heredes nostros ad observationem et garandiam omnium predictorum in perpetuum obligamus.

In cujus rei testimonium nos, ad perpetuam memoriam, presentibus litteris sigilla nostra duximus appenenda. Datum anno Domini millesimo ducentesimo nonagesimo quinto, mense jullii.

(Bibl. nat., *Moreau*, t. CCXIII, p. 86 ; d'après l'original des archives de l'Hôtel de Ville de Montreuil, pièce XLII).

XXV

1295, Juin. — Le même déclare que la maison du Val est exempte de toute charge dans l'étendue de sa seigneurie, excepté a Bloville.

Nous Phelippes de Creki, sires de Waubercourt, chevaliers, et Aalis, se femme, faisons savoir à tous que nous, sour che entendu et seu la vérité et le droit de le maison du Val des Malades de Monsteroel, reconnissons à perpétuele mémore que se nous, nostre hoyr, ou autres persones queles que eles soient volons aucune chose demander ou clamer sour chaus de le dite maison, sour leurs successeurs, ou sour che que le dite maisons tient en nos fiés en aucuns cas dont li connissanche doive estre nostre, soit du tans passé ou tans à venir, en quelcunque maniere que che soit, il, ne le dite maisons, n'en sunt tenu de respondre ne de plaidier par aus ne par autrui, s'il ne leur plait, fors tant seulement à Blauville en nos fiés.

Et à toutes ches choses tenir fermement et perpétuelement obligons nous, nous et nos hoyrs, et à che ensement que les choses contenues en ches lettres ne puissent ne rien estre blechiés ne corrumpues pour exploit, ne pour usage contraire fait ou à faire, ne pour autre chose ensement quele que ele soit. En tesmoignage desqueles choses, nous, à perpétuele mémore, nous avons pendu nos seaus à ches présentes lettres, faites l'an de grace mil CC IIII^{xx} et quinze, el mois de jun.

(*Id.*, t. CCXIII, p. 89, d'après l'original des anciennes archives de l'Hôtel de Ville de Montreuil, liasse cotée *le Val*, pièce LXIII, scellé de deux sceaux en cire jaune pendant sur double queue de parchemin, l'un rond, portant l'écu oval de Créquy, avec la légende : *S. Phelippe signeur de Waubercourt ;* l'autre ovale, au type féminin. La dame tient de la droite l'écu de Créquy et de la gauche un petit vase. Légende : *S. Aalis dame de Waubercourt et de Lauligbe).*

XXVI

1327, 22 Mai. — Sentence du bailli d'Amiens, André de Charolles, confirmant le mayeur et les échevins de Montreuil dans le droit d'administrer la maison du Val.

Charles, par la grâce de Dieu, roy de France et de Navarre, à nostre bailly d'Amyens ou à son lieutenant, faisons asçavoir à tous présens et advenir que nous avons veu les lettres en bas escrites, contenant la forme qui s'ensuit :

« A tous ceux qui ces présentes lettres verront et orront, André de Carolles, conseiller du roy et son bailly d'Amyens, salut. Nous avons veu et receu les lettres du Roy, nostre sire, contenant la forme quy s'ensuit :

Charles, par la grâce de Dieu, roy de France et de Navarre, à nostre bailly d'Amyens ou à son lieutenant, salut. Nous avons entendu que le maïeur et eschevins de Monstreul-sur-la-mer voullans usurper la maison des lespreux qui estoit anciennement hors les bornes de la commune et juridiction de ladite ville de Monstreul pour la demeurance des lépreux et fondée pour leurs pieux usages, et de ce pour leurs vivres et vestements ; dans laquelle maison les lépreux et autres frères et sœurs de ladite maison avoient coustume de vivre communément sous l'habit régulier et observance d'obédience et de leur propre authorité ont transporté ou ont faict transporter depuis peu de temps la demeure et mansion desdits lépreux ailleurs, hors de la maison accoustumée, dans la commune ou banlieue, et ont mis les biens temporels de ladite maison entre leurs mains et les tiennent, lèvent, reçoivent et administrent fort petitement les choses nécessaires à vivre auxditz lépreux et aux aultres fréres et sœurs de ladite maison, applicquans à leurs propres usages le reste des biens de la dicte maison qui est dit valloir plus de deux mille livres par an, et faisans mectre auxdits lépreux l'habit séculier et délaisser l'habit régulier qu'ils avoient accoustumés de porter ; ce qui est au préjudice et grevance de nostre juridiction. De quoy, à la supplication des procureurs de nostre bien aymé et fidelle évesque d'Amyens, nous vous mandons que vous remettiez lesdits lépreux et fréres et sœurs de la dite maison à leur maison accoustumée et que celle-là où ils demeurent maintenant leur soit ostée et que vous leur faciez bailler l'habit régulier et qu'ils soient remis en leur estat et que lesdits biens temporels de ladite maison soient maintenus et gouvernés comme il estoit de coustume anciennement, et que vous leur faciez administrer vivres compectamment aux dits lépreux, fréres et sœurs de ladite maison ; que s'il arrive qu'il soit meu débat, que vous mettiez et teniez lesdits biens temporels en vostre main pendant ce débat, que vous faciés ..... et tellement faire au complément de justice pour lesdits lépreux, fréres et sœurs de ladite maison qu'il ne faille par vers nous recourre. Fait à Paris le noeufviesme de mars mil IIIc XXVI.

Par vertu desquelles lettres nous fismes appeller par devant nous à Monstroeul, au mardy après Pasques flory dernière passée, les procureurs du roy, nostre sire, et de révérend père en Dieu monseigneur l'évesque d'Amyens, d'une part, et les maieur et eschevins de ladite ville de Monstreul, d'aultre part, pour voir et entériner lesdites lettres.

Auquel jour lesdites parties se présentèrent par devant nous et ramenèrent lesdits procureurs du roy, nostre sire, et du sieur évesque, et offrirent à prouver les faicts contenus en icelles [lettres], lesdis maieur et eschevins proposans plusieurs faicts et raisons au contraire. *Premièrement* disoient que la maison de la maladrerie appelée le Val, de quoy mention est faicte esdictes lettres, est tenue de l'église de Sainct Saulve en Monstreul et à cens et à rente, scituée et assise en la viconté de ladite église et en la haulte justice de Ponthieu ; laquelle maladrerie a plusieurs terres et possessions qui sont tenues à cens et à rente des seigneurs fonciers et par certain débit que on leur rend par an.

Après disoient que par eux sont establiz et ont esté certain tenant de ladite ville ou d'ailleurs, vivans et mourans, qui lesdites rentes paient au seigneur de qui ladite maison, terres et possession d'icelles sont tenues. Et ils disoient que en ladite maison sont et ont estés mis par eux les bourgeois et borgeoises de ladite ville et leurs enfants quand ils estoient battu du mal saint Ladre, lesquels selont leur jeunesse, vieillesse, richesse et pauvreté ont eu vesture de telle couleur qu'il leur a pleu et qu'ils ont voulu ou peu avoir, soient amples, rayés, et démonté et usé de tel habit ou changé l'habit en autre quand il leur a pleu, et leur ont administré vivres et vestures ou argent por iceux, selon les facultés de la ditte maladrerie.

Et disoient encores que, en ladite maladrerie et en leurs autres maisons, il y a eu certains ministres pour les terres de ladite maison charger, lesquels ministres sont et ont estés en l'habit dessusdit institués par lesdits maieur et eschevins et non par aultres, selon leur bon port ou mauvais port.

Après disoient qu'ils sont en saisine de mettre en ladite maison bourgeois et bourgeoises autres que malades, lesquelles par meschef de marchandise ou de fortune sont tombés en pauvreté et de iceux oster ou laisser demeurer en ladite maison, selon leur bon port ou mauvais ; et de instituer chappellains en ladite maison, pour faire l'office divin en ladite maladerie ou ès maisons d'icelle, lesquels chappellains ont esté loués comme mercenaire par lesditz maieur et eschevins ou par leur command et ostez par eux, leurs termes passés, et remis aultre pour iceux.

Et disoient encore que par eux ont estés estably certaines personnes de ladite ville de leur eschevinage et aultres, pour prendre garde à ladite maladrerie, tant aux malades que aux ministres d'icelle et aux terres et possessions appendantes à ladite maladrerie, présens lesquels establis et pardevant lesditz maire et eschevins et non aultre, soit en leur hale ou en la maison de ladicte maladrerie et en ladicte ville, les ministres de ladite maison ont rendu compte de ladditte administration.

Après disoient qu'ils sont en saisine d'envoyer les malades de ladite maladrerie demeurer et les ministres d'icelle, ès aultres maisons de ladite maladrerie et de les muer ou faire muer de maison en autre touteffois qu'il leur a pleu ; et plus disoient que si aucune fois l'évesque d'Amyens ont demandé et volu molester lesdits maieur et eschevins por avoir leur visitation sur l'administration ou gouvernance de ladite maison et des appendances, s'y s'en sont lesdits évesques déporté et lesdits maieur et eschevins demeurez paisibles.

Ausquels faits proposés, tant de l'une partie que de l'autre, lesdites parties respondirent en niant les faictz l'un de l'autre, et se accordèrent par devant nous que diligeamment la vérité en fut sceue aussy bien en leur absence que présence.....

Sur les quels faicts proposés de par le procureur du roy, nostre sire, d'une part, et lesditz maieur et eschevins d'aultre, enqueste a esté faicte et parfaicte par certains commissaires députés devers nous, en la présence desdites parties, au mardy prochain après [1] l'Ascension, qui fut en l'an de grace mil IIIc XXVII; icelles parties requérant à grande instance que laditte enqueste fut veue et jugé, fut pour eux ou contre eux.

Et comment que le procureur dudit sieur évesque, sur les faictz contenus èsdites lettres du roy, nostre sire, n'eust fait aucune diligence de conduire tesmoings pour tant qu'il lui pouvoit toucher, sy requéroit il a grande instance, et a consenti que ladite enqueste fut jugée.

Et par nous l'enqueste veue bien et diligeamment, considéré tout ce qui faisoit à considérer, par la discrétion et conseil de plusieurs personnes expertes et discrettes, terminé est et par droit terminasmes et prononciasmes que lesdits maieur et eschevins ont mieux et plus suffisamment prouvé leurs faicts à la fin où ils tendent, que n'ont le procureur du roy, nostre sire et dudit sieur évesque. Pourquoy, de la demande ou demandes faictes et formées encontre eux par lesditz procureurs, sur la vertu et teneur desdites lettres, absolvons et délivrons et des choses contemptons, dont mention est faites esdites lettres, et ostons la main du roy plainement.

En tesmoing de ce nous avons ces présentes lettres scellé du scel de ladite baillie. Faites et données à Amyens, le vendredi prochain après ladite Ascension.

(Cartul. de Montreuil, f° 68 v°).

XXVII

1451, 29 Avril. — Arbitrage entre la maison du Val et l'abbaye de Longvilliers

A tous ceux qui ces présentes lettres verront, Jean de Bours et Jean de Pardieu, licenciés ès lois, Guillaume le Rat et Jean Danel, procureurs au siège de Monstreuil, arbitres arbitrateurs et amiables apaiseurs prins et esleus en cette partie, salut. Comme les mayeurs et eschevins de la ville de Monstreuil, à cause de leur maison et maladrie du Val, d'une part, et les religieux, abbé et couvent de l'esglise Nostre Dame de Longvilliers, eux faisans fort de dampt Leurent Tessère, religieux et procureur de ladite église, de Jean le Febvre, Robert de Noielle, Colart le Clercq et Vincent Fiérabrach, d'autre part, se fussent naguers de certain discort et question entre eux meu sur une complainte en cas de saisine et nouvelleté intentée par lesdits majeur et eschevins, pour raison et cause de vingt mesures de terre ou environ, séans assés près des maisons et censses du Val et du bos

1. Erreur de scribe; lire *avant*.

Jan, que les censsiers de le maison du Val avoient asemenchié d'avaines, quy avoient esté emportées par ledit dampt Leurent, Jean le Fevre, Robert de Noielle, Colart le Clercq et Fiérabrache, au ticle et à le cherge desdits religieux, dont lesdits majeur et eschevins s'estoient complains en cas de saisine et de nouvelleté, et lesquelles terres chascune desdites parties disoit à luy apartenir, est assavoir, lesdits majeur et eschevins, à cause de ladite maison du Val, et lesdits religieux, à cause de leur maison et censse du Bosjan....., submis et raportées tant de ledite nouvelleté, comme du droit et propriété de ledite terre et aussi de tous intérets, frais et despens encourus et qui encouroient à la cause dite, en nostre ordonnance, arbitraige et appointement, accordant que enqueste et information fust par nous ou les deux de nous faictes, et icelle faicte, que en peussions appointier et ordonner ainsy que bon nous semblera, lequel appointement ils avoient chascun promis tenir à paine de cent livres, ainsi et comme tout ce poeult plus ad plain apparoir par les lettre de ladite submicion et autres, parmi lesquelles ces présentes sont annexées.

Depuis lesquelles submicions ainsy faictes que dit est et par vertu d'icelle, nous avons, sur ce que dit est et sur certains advertissemens et mémores à nous baillies pour chascun desdites parties, nous transportés sur ladite pièce de terre, oy et examiné plusieurs tesmoins à nous administrés par chascune desdites parties, les dépositions desquelles nous avons fait rédigier, escrit et recheu plusieurs lettres et enseignemens à nous bailliés et administrés par icelles parties; contre lesquelles tesmoings et lettres lesdites parties, ne aucune d'icelles, ne ont baillié aucune réponche, mais ont, est assavoir, lesdits majeur et eschevins, par Jehan Dauchie et lesdits religieux par ledit Jean le Fevre, leur procureur, accordé prendre et ont droit par nostre ordonnance et appointement, sachent tous que veues les despositions desdits tesmoins et aussy lesdites lettres et enseignemens à nous administrés en forme de preuve, considéré tout ce qui fut à considérer en ceste matière, nous, par vertu desdites lettres de submicion et du pouvoir à nous baillié et donné par icelles, avons ordonné et appointé, ordonnons et appointons que lesdits religieux eront et leur adjugeons compéter et appartenir quatre journeux de terre à prendre tout du long du chemin Saumey, depuis la terre desdits religieux, selon ledit chemin, jusqu'à le terre Paien de Caumesn[il], pour en joir doresnavant héritablement et à tousjours. Et quant au surplus de ledite terre, nous le adjugeons et desclarons compéter et appartenir auxdits majeur et eschevins, à cause de ladite maison du Val; et, pour toutes les levées que ont faict de ledite terre lesdits religieux et autres dessus nommés, dont ils ont eu le fait pour agréable et aussy pour tous frais, dommaiges et intérets que ont et soutenu lesdits majeur et eschevins à la cause dite, condamné et condamnons lesdits religieux envers lesdits majeur et eschevins en la somme de vingt francs, monnoie courans, à paier au terme quy s'enssuit, est assavoir, un tiers au Noel prochain venant, l'autre tiers au jour Saint-Jean-Baptiste ensuivant et l'autre tiers au jour Saint-Remy ensuivant, quy sera l'an mil quatre cens et cincquante deux. Et lesquels quatre journeux, ainsi que dit est, par nous adjugés auxdits religieux, leur seront bournés, séparés et limités allencontre du résidu, à communs frais et despens. Et se aucune obscureté avoit en cet présent apointement, nous en retenons à nous la déclaration et interprétation à le faire quant besoin sera, supposé que le temps de nostre arbitraige fut lors passé et expiré.

Lequelle sentence et apointement nous avons fait en le présence desdits Jean Dauchie, procureur desdits mayeur et eschevins, et Jean le Fevre, procureur desdits religieux, quy les ont acceptés pour bonne et vaillable, en le présence de maistre Jean le Brun, le Viel, Jenin Périn et Jenin Delessart. En tesmoins de ce nous avons mis nos seaux en ces letres, qui furent faites et prononchiées le vingt neufviesme jour du mois d'aoust, l'an mil quatre cens et cinquante et un.

(*Ibid.* B. 34, case 5 ; *copie certifiée.*)

XXVIII

1464[1]. — Cérémonial de la réclusion d'un ladre

Chy après s'ensieult l'ordenance et office d'un ladre jugiet de justice par vraye déposition et juste cause, selon l'usage et coustume de le maladrie de Saint-Venant.

Et *primes* le justice assigne au curé aucun jour pour faire et dire le service, auquel jour le ladre doibt estre habitué (sic) comme il luy et [2], très simplement.

Item doibt avoir sur son chief ung blancq linchoeul pendant par derrière tout bas et le drap des mors par dessus et porter en ses II mains une petite crois de bos et ainsi mouvoir de sa maison acompaignié de le crois de l'église et de ses amis faisans de luy doeul jusques à tant qu'il sera de son service à le maison de ladrerie, et non plus. Et icheluy venu jusques aupret de l'atre, le curé et clergiet si doibvent venir à l'encontre de luy et jeter sur luy de l'iaue bénite et le prendre par le main et le mettre en le cimentière et canter *Libera me Domine*.

Item le curé doibt commenchier *Vegilles* et *Commendaces* et ichelles finées doibt le curé faire [le] pri pour luy et dire messe de Requiem, comme d'un trespassé, estoffé de luminaire et de candeilles, icheluy ladre estant agenouillet et apuiet à une selle basse, le chief en bas devant le aultel, là où on a acoustumé mettre les corps présens, lui habitué de son linchoeul et drap des morts et de se croisette de bos.

Item on doibt mener à l'offrande ledit ladre et luy hoster le suaire des mors jus de luy jusques à tant qu'il soit revenu, sans luy hoster son blanc linchoeul ne se croisette ; car il doibt baillier et offrir au curé ladite crois de bos, et le curé le doibt prendre et baisier et rebaillier à baisier au ladre estant à genous. Che fait, on le doibt remener en son lieu et puis ses parens et aultres doibvent offrir à le platène.

Et après le service finé, le curé doibt aler au ladre et lire che que on lit à ung trespassé et pui lui donner de l'iaue bénite. Et puis le curé le prent par le main, et iceulx venus en l'atre, le ladre eslit se sépulture où le curé le fait mettre à genoulz et jette III fois de le terre sur luy. Che fait le justiche lui fait faire le serment tel qu'il luy appartient. Et puis le curé va aveuc luy jusques à le maladrie pour lui renouveler se sépulture, et, ledit

1. Ce document transcrit en 1464 au cueilloir en papier de l'Hôtel-Dieu de Montreuil, consigne des usages remontant à la fin du XIIe siècle.

2. Habillé comme il lui est ; c'est-à-dire suivant son état.

ladre estant en se maison de le maladrerie à genoulz devant l'uis, et puis, l'uis clos, le curé estant dehors et le clergiet doibt jetter par III fois de le terre sur le soeul et dire : *De terra plasmasti me*, etc., tost après faire le pri et requérir pardon de ses meffaits et excuse ; et puis le recommander et la le pourcachier et le amonester de patience en lui remonstrant que Dieu se aparu à pluiseurs en guise de ladre.

(Premier cueilloir de l'Hôtel-Dieu de Montreuil, f° 292 v° et 293 r°. — Cf. Louandre, *Histoire d'Abbeville*, t. II, p. 492.)

XXIX

1547. — Comptes du Val rendus par l'argentier de Montreuil

Compte que fait et rend Loys le Waliois, argentier de la ville de Monstroeul-sups-le-mer, du revenu de la maison du Val aux malades, appartenant à la dite ville, tant en rentes, cens, preys, bois, comme aultres choses, pour ung an commenchant au jour Sainct-Simon Sainct-Jude de l'an mil cinq cens quarante six et finant à pareil jour mil cincq cents quarante sept.

Art. 1. — Martin de Noielle « pour ung jardin séant au Val le Roy, tenant d'un bout d'embas et d'ung costé à une ruelle par laquelle on va audit Val le Roy » . . . . XVIII s. p.

2. — Jehan le Brun, de Sorrus, pour cincq journeulx de terre séant près le justice de la ville, tenant de deux costés aux terres que tint en temps passé Jacquemart Prunier, des chappelains d'Amiens, dont il doibt à chascun an . . . . VII s. p.

3. — Maistre Jacques de Le Rue, pour ung ténement amazé où demoura feu Jehan Tarelle, joignant d'un costé à une ruelle par laquelle on va aux preys de Saint-Saulve. . . . . II pouchins.

4. — Guillaume Hertault, au lieu de Jehan de la Rue, nommé Monnet, pour ung ténement ..... séant en le paroisse Saint-Justin, joignant d'un costé à sire Jehan de Lobel, prebstre . . . . XXXII s. p.

5. — Charles Gorguette, frère et héritier de Guillaume Gorguette, enfans de feu maistre Robert Gorguette, pour deux journeulx et demy de terre séans deseure le Val le Roy . . . . XII s. p.

6. — Sire Robert de Lobel, presbtre, au lieu de maistre Jacques de le Rue, pour un gardin amasé séant en la paroisse Saint-Justin . VII s. II cappons.

7. — Sire Jehan de Lobel, au lieu de Nicolas le Viel, pour ung gardin et ténement séant hors le porte du marchié, aboutant d'un bout sur le rue de l'Escorcerie, ouquel gardin y a ung petit gardin tenu des hoirs maistre Nicaise Hourdel . . . . XL s. p. III glines.

8. — Sire Jehan de Lobel, au lieu de Maroie d'Yvergny, pour deux gardins mis en ung, séant en le paroisse Saint-Justin . . . XVI s. p.

9. — Mariette Petifaitz, fille de Fremin, pour le moictié d'un ténement séant hors le porte du marchié, derrière l'église Sainct-Justin. . . . . II s. VI d. p. demy cappon.

10. — Merglisiers de Nostre-Dame en Dernestal, ayant droict de deffunct Jehenne Bouchart, veuve de Fremin Petitfaictz, pour l'autre moictié dudit ténement, dont est homme pour ladite église Guillaume le Viel, drappier . . . . II s. VI d. demi cappon, I gline.

11. — François Bersin, fils et héritier de feu François Bersin, son père, pour le manoir du Pan et soixante et une mesures vingt verges de terre y appendans, prins à rente par feu Baudin Gallebart, son grand oncle, parpaiant à la dicte maison du Val . . . . CXVIII s. III d. p.

13. — François Bersin, pour un gardin séant à Saint-Justin qui fut à feu Mahieu Nazart, séant en le rue près dudit Saint-Justin, que tint feu Thomas de Roussen. . . . . VII s. p. II capp.

14. — Sire François Grebert, frère de feu Jehan Grebert, héritier de deffuncte Jehanne Saveteux, leur mère, en son temps vefve de feu Guillaume Grebert, ou lieu de Jehan le Maistre, pour ung ténement hors le porte du marchié, au rang de l'église Sainct-Justin . . X s. p. I gline.

15. — Grebert, pour ung ténement amazé séant hors ladite porte du marchié . . . . VI s. p. I capp.

16. — Jehan du Quesnoy, ad cause de Françoise de le Porte, fille de feu Anthoine de le Porte, pour ung ténement séant en le Caloterie . . . . XXIIII s. p.

17. — Marglisiers de Sainct-Justin, dont est homme Jehan Testart, le josne, pour la moictié d'une maison, gardin et tenement séant en le rue de l'Agache, assez près de ladite église . . . . II s. IX d. p.

18. — Martin Grebert, frère de Jehan Grebert, au lieu de deffuncte Jenne Savereulx, leur mère, pour l'autre moictié . . . . . . II s. IX d. p.

19. — Charles de Hodicq, sieur d'Ennocq, pour terres labourables séant entre le chemin de Wally et le chemin d'Escuir . . . . . . XIIII s. p.

20. — Marglisiers de Sainct-Justin, dont est homme Raullequin Carpentier, filz Jacques, et sire Nicole le Febvre, pour deux ténemens séans en ladite paroisse qui furent à feu Pierre Cordowan, aboutant à le rue Bocutinoise [1], tenant d'un costé au ténement qui fut à Thomas le Febvre, cordier; d'aultre costé, au ténement où demoura feu Jehan Pappe . . . . XIIII s. p. II capp.

21. — Les marglisiers de Sorrus, dont est homme Jacques Panetier, pour ung ténement séant à le Caloterie . . . . . . XIX s. p. I d. ob.

22. — Damoiselle Marie de le Rue, de présent femme de monsieur de Myeures, pour une pièce de terre seant entre le Calotrie et Sorrus, nomméele Cottehène . . . . XVIII s. p.

23. — Porrus Jolly, pour ung ténement séant en le rue d'Embry, tenant d'un costé au ténement Jehan Nybal, d'aultre bout au ténement Jehan Petit, par devant, au flégard et à l'hostel du Béguinaige. . . . . . . II s. p.

24. — Le maison des Béguines, de présent estant en la main de la ville . . . . VI s. p.

1. La rue de Beutin, comme la rue d'Esquermes, à Lille, qui est appelée rue Esquermoise.

25. — Jehan le Brun, de Sorrus, ou lieu de Jenne de Romme, vefve de feu Pierre le Vesque, pour une maison séant ès marchés où demoura feu Ernoul de Sains, ouquel a ung puch joignant à une ruelle qui fut à Mahieu Blessel ; par derrière, au flégard, dont il doibt . . . . XIII s. p.

26. — Le doyen et capitle de Sainct-Fremin, dont est homme maistre Martin Edouart, pour une masure séant en le Val, que tient de eulx Jehan le Chevallier, par douze solz parisis et que occupe ad présent Michiel Vellet, acostant d'un costé à Micquiel de Dourlens, d'aultre costé à une plache tenue de Sainct-Jodce-au-Val, et de deulx bouts au flégard . . V s. IX d. p.

27. — Les marglisiers de Saint-Walloy, dont est homme Mariette Alexandre, femme de Romain Devry, ung ténement séant hors le porte du marchié, où il y a de tenemens . . . . IIII s. p.

28. — Les héritiers de Robert d'Alingthun, pour une pièce de terre séant à Campignoeulles, contenant deux mesures. . . . . . . X s. p.

29. — Jehan Pasquier, taneur, pour une masure et ténement où demoura Jehan Olivier, séant en le cauchie Saint-Martin . . . . V s. p.

30. — Pierre d'Ostove, sieur de Clenleu, mary et bail de damoiselle Marguerite Hourdel, ayant droict de feu Nicolas Darcques, pour le ténement des Troys Roys séant en le rue Saint-Fremin, joignant d'un costé à une masure tenue dudit sieur oudit nom, d'aultre costé à le maison de l'Espée appartenant à Marcq Postel . . . . III s. p.

31. — Les marglisiers de Nostre Dame en Dernestal, pour ung ténement et une pièce de terre séant vers le Caloterie . . . . X s. p.

32. — Pierre Godde, soieur d'hais, pour ung ténement séant ès Escureux [1], acostant au ténement Jolly, par derrière à le rue qui est devant les estuves de l'Obbelet . . . . V s. p.

33. — Maistre Nicole de Marle, au lieu de Maroie Labbé, vefve de feu Pierre Lothelier. . . . . IIII s. p.

34. — Antoine Meignot, fils Jehan, pour terres à Caloterie . XX s. p.

35. — Martin Hubert, au lieu de feu Nicolas Darcques, pour ung tenement joignant d'un costé à l'esglise Sainct-Martin. XII s. III d. p. I capp.

36. — Pierre du Hamel, fils de Natalie de la Haye, sa mère, vefve de feu Guillaume du Hamel, ou lieu de Josse le Roy, pour ung ténement séant hors le porte du chasteau . . . . XII s. p.

37. — Maistre Guillaume Gofeste, pour ung prey séant auprès de la fontaine de beffroy . . . . XVI s. p.

38. — Les marglisiers Nostre-Dame en Dernestal, pour deux masures que tient la vefve Jehan le Maire et Gillart Surelle, par lequel ou va des Tieulleries à Saint-Justin.......... joignant par derrière à le rue de l'Escorcherie . . . . XVI s. p. III glines.

39. — Maistre Denis le Brun, au lieu de David le Burrier, pour ung ténement séant hors le porte du marchié, acostant d'un costé à le chimentière Saint-Justin. . . . . V. s. p.

40. — Jacqueline le Brun, vefve de feu Anthoine le Seigneur, au lieu dudit David le Burrier, pour 9 journeux de terre à l'Argilière VIII s. VI d. I gline.

1. *Ecureuil* ou les *Ecureux* (Escurolium, petit Ecuires), ancien hameau, commune d'Ecuires.

41. — Le maistre et sœurs de l'hostel-Dieu Saint-Nicolas, dont est homme Jacques Wllart, filz Nicolas, pour huit mesures de terre séans au terroir d'Escuir . . . . xx s. p.

42. — Sire Jehan Grumel, héritier de deffuncte Marguerite Couppelet, pour trois journeulx de terre séans le Val de le Quentaine, joignant d'un costé et de bout aux terres qui furent à feu Jehan de la Porte, wantier; d'aultre costé à ung ridel qui est deseux le terre de . . . . v s. p.

43. — Les maistre et sœurs de l'Hostel-Dieu, pour une maison . . . . v s. p. vi d.

44. — La gœude marchande, dont est homme Jehan de La Haye, filz Sauve, pour une maison séant à Sainct-Jacques, au devant du béguinaige, joignant au ténement de Adrian de Waudricourt . . . . . . viii s. p.

45. — Martin Grebert, filz Guillaume, par nouviau bail, pour le halle aux pletiers, mis à usaige de maison . . . . L s. p.

46. — Jehan de Rochebaron, chevalier, seigneur de Lignon, pour un ténement séant derrière sa grange . . . . viii s. p. ii cappons.

47. — Guilbert de Bergues, au lieu de Jehan le Herdier, pour la terre des Trois-Marcquets, près de Dangermez . . . . xx s. p.

48. — Mathias des Granges, au lieu de Allys Pille, pour terre près du Bos-Cocquin . . . . viii s. p.

49. — Jehan Godde, ou lieu de Tassart de Fourmanoir, pour le maison qui fut Jehan Goudallier, séant à Saint-Josse-au-Val, joignant d'un costé à le rue aux chevaulx; d'aultre costé à le maison qui fut à Jehan Moleton. . . . . ii s. p.

50. — Madame Françoise de Boufflers, abbesse de Saincte-Austreberthe, ou lieu de feu Jehan de Canlers pour ung ténement où demoura feu Jehan le Clercq, séant en le paroisse Saint-Fremin, joignant aux murs de l'anchienne fremeté de la ville; d'un bout au jardin des héritiers Mahieu le Febvre et par devant, au flégard . . . . iii s. p.

51. — Oudart Labbé, ou lieu de feu sire Jehan Flandrin, terres assez près du Bos-Cocquin . . . . vi s. p.

52. — Le Roy, nostre sire, ad cause de sa conté de Ponthieu, doibt chascun an à le maison du Val, au jour Sainct Mathieu, comme le porte le registre de Ponthieu . . . . xx s. p.

53. — Philippe le Noir, fils maistre Jehan, pour le ténement du Halloy . . . . iii l. xxiii s. p.

54. Mathias des Granges, au lieu de Pierre Pille, pour terres auprès de la cense du Val . . . . viii s. p.

55. — Jehan Quibœuf et Fremine..... (en blanc), et par achapt qu'ils en ont fait à Jacques le Vasseur, pour le maison de Saint-Jullien, que feu maistre Jehan le Noir avoit baillié en assignation, en dyminution de dix livres de rente pour la maison du Halloy, joignant d'un costé à le maison des Pourcheletz, appartenant à Guillaume de Sepfontaines, sergent. L s. p.

56. — Damoiselle Marguerite Hourdel, femme de Pierre d'Ostove, sieur de Chenleu, pour une maison séant en le rue Saint-Fremin, joignant d'un costé à Trois-Rois, d'aultre costé en le rue du Sermon, par devant au flégard . . . . xlv s. p.

57. — Damoiselle Marguerite le Brun, fille Jehan le Brun de Sorrus, femme de monsieur de Hieremont, terres à Villiers. . . . xxxii s. p.

58. — Maistre Anthoine Ewrin, mari de Jehenneton de Hennepveu, teres à Wailly . . . . x l. iii s. iv d. p.

59. — La vefve Jehan Gambier, ou lieu de Robert Enllart, pour ung tierch du prey de l'escange, icelluy prey contenant sept mesures douze verges, séant près le bacq . . . . xxx s. p.

60. — Colin du Castel, ou lieu de Jehan Loucheron, pour ung aultre tierch dudit prez de l'eschange . . . . xxx s. p.

61. — Vefve Jehan Gambier, pour ung autre tierch. . . . xx s. p.

62. — François Bersin, terres . . . . iiii l. viii s. p.

63. — Guillebert de Berquen, au lieu de Anthoine, son père, pour le prey séant dessoubz le maison de feu Jehan Bourderel, de présent appartenant à Anthoine Meignot, à cause de sa femme, fille dudit Bourderel . . . . viii l. p.

64. — Oudart Cadel, ou lieu de feu Guilbert d'Allingthun, pour le prez Saincte-Marie, contenant vii mesures. . . . . vi l. xv s. p.

65. — David Gonsse, pour cincq mesures de prey que furent à Jehan le Noir . . . . c s. p.

66. — Andrieu Obron, pour cincq mesures . . . . c s. p.

LOUAIGE :

Mahieu de le Retz pour le maison de Bétrix Lataignan . . xlii s. p.
Somme de ce capitre : iiiixx xii l. xvi s. vi d. ob. pite.

Cappons. ix
Glines xi
Pouchins. ii

Aultre recepte pour les mollins appartenant à ladite maison . xxi l. p.
Recepte faite ceste an pour l'aunaige des draps . . lxxiii s. iiii s. p.

DÉPENSES :

Payé à sire Nicole Godefroy, presbtre, chappelain de la chapelle du Val . . . . xx l. p.
Audit sire Nicole pour la messe de defluncte Maroie Bellard. ii s. vi d. p.
A esté payé à Bonnette de Pontigny estant mallade de peste . xx s. p.
A esté payé à Anthoine Sagot, sergent, la somme de deux solz, pour avoir publié par deux jours les bois du Val.
A Pierre Brichet, à Mahieu et Colin le Maire, manouvrier, pour avoir besongnié chascun cinq jours à ladite maison, tant à placquer que pour avoir esté au bois de ladite maison coeuiller de la vergne pour faire cloture, à iii s. par jour, chascun homme.
Nicolas Morel et Guérard du Bos, carpentiers, vi s. t. par jour.
Jacques de Blangy et Pierre Quentin, soieurs d'hays, vii s. t. par jour.
Jehan de le Ville, caufournier, caulx à x s. le septiers.
Olivier de Gouy, machon, vii s. t. par jour.
Guillaume Caudamine, son varlet ou manouvrier, iii s. par jour.
Gillet Boullengier, couvreur de tieulle, viii s. t.

Michiel de Fontaines, son varlet, III s. t.

Novembre : du IIIe jour dudit mois a esté paié à Pierre Lambin sérurier pour avoir livré pour ladite maison du Val, tant pentures, lacetz, véraulx que aultres férures, comme appert par un billet signé de la main dudit Lambin, montant XVIII l. XII s. tournois.

Vallentin Quienot, mesureur, pour avoir layé (jaugé) les bois, VIII s. t. par jour.

Jacques Pruvost, varlet desdits bois du Val, pour avoir aydé et mis par mesure ledit bois, III s. VI d. t.

Jehan de Lannoy, taneur. Vendu « poil blancq » pour le Val, à XVIII d. la livre.

Jehan le Quien vend VI s. t. une botte de lattes.

Veuve Nocquet vend le plâtre, XII d. la livre.

Vefve Jehan Chenel, pour cent et demy de cariaulx à XXXII s. t. le cent, pour emploier à faire le four de ladite maison.

Guillaume François vend de la toile à IIII s. VI d. l'aune pour « une oble et ung amy [1] pour chanter messe ».

Jehan Ricouart, bricqueur à Brimeu, vend « cinq cens de bricque » au prix de XXII s. VI d. t.

(Arch. de l'Hôtel-Dieu, B. 35, *case* 5).

XXX

1548, 1er Janvier. — Déclaration des « appartenances » et « dépendances » de la maladrerie du Val

S'ensuit la déclaration du bien et revenu de la maison, cense et malladerie du Val nommée vulgairement la maison du Val-des-Mallades appartenans aux bourgeois et habitans de la ville de Monstruel et de laquelle les maieur et eschevins d'icelle en ont eu de tout temps le gouvernement et administration, ladite maison scituée et assise en la sénéchaussée de Ponthieu, que présentent par devant vous, monseigneur le sénéchal dudit Ponthieu ou votre lieutenant, commissaire du Roy en cette partye, François d'Osterel, licentié ez loiz, maieur de laditte ville, souffisamment fondé de procuration des maieur et eschevins de ladicte ville, et ce pour obéir aux lettres pattantes du Roy, nostre sire, expédiées à Fontainebleau le XXI septembre de cet an mil cinq cens quarante sept.

Premièrement, à la ditte maison et cense du Val sont deubz chacun an aucuns cens et rentes qui se prendent sur plusieurs pièces de terre tenues de divers seigneurs en arrière fief et roture, montans lesdits cens et rentes à la somme de XX l. XIIII s. VI d. parisis, à raison desquelz cens iceux mayeur et eschevins sont tenus bailler homme vivant et morant et payer reliefz quand le cas y eschet.

1. Amict.

Item, appartient encores à ladite maison du Val plusieurs terres labourables appendantes à ladite maison et cense, laquelle est présentement baillée à cens et rente pour la somme de huit vingt livres chacun an, à la charge d'acquitter les renvoys qui en sont deubz chacun an, qui seront cy après déclarés par le menu, laquelle maison et terres y appendans est tenue en roture de divers seigneurs arrière-fiévez, dont ilz sont tenuz bailler homme vivant et morant et droit de relief quand le cas y eschet.

Item, appartient à ladite maison certains bois qui se baillent à coppe chacun an et dont il en peut avoir en chascune coppe et tonture le nombre de vingt à vingt un mesures, que pooit valoir par cy devant chacun an à la somme de sept à huit vintz livres, et depuis l'an quarente quatre que ladite ville de Monstreul a esté assiégée par les Anglois et Bourgignons, les bois, pour la ruine du pays, n'ont valu pour les années quarente cinq, quarente six et quarente sept, que la somme de cinquante à cinquante quatre livres parisis, une année portant l'autre.

Item, à cause de ladite maison et cense sont deubs plusieurs rentes et menues censives qui se coeuillent en divers lieux en la ville et banlieue de Monstroeul, qui montent chacun an à la somme de soixante neuf livres, unze chapons, dix glines et deux pouchins.

Item, sont deubz chacun an [à] ladite maison, dix septiers de bled de mouture qui se baillent chacun an en ladite ville de Monstrœul en fin de chandrille, au jour Saint-Martin, au plus offrant et dernier enchérisseus, et sont, lesdits dix septiers, bailliez pour cette année.

A cause de laquelle maison et cense du Val-des-Malades sont deubz chacun an aux dénommez cy après les renvoys qui s'ensuivent :

Premièrement, à monsieur de Clenleu sont deubz chacun an deux muictz de bled seigle et deux muictz d'aveine.

A un nommé Hendenthom, sieur de Tourteauville, est deub un muid de bled seigle et un muid d'aveine.

A monsieur de Coullomby, trois muidz de bled seigle.

Aux religieux, abbé et couvent de Saint-Saulve, un muid d'aveine.

Aux hospitaux de Nostre-Dame et Saint-Nicolas en Montreul, dix septiers de bled seigle.

A Nicolas Poullet, deux septiers de bled seigle.

A l'abbaye de Saint-Josse-sur-la mer, un septier de poidz. — Est deus de renvoy ordinaire au chapellain de ladite maison qui dit les messes, six septiers de bled seigle, avec ce qu'on paye chacun an audit chappelain, vingt livres deux solz VI d. parisis.

Tous lesquelz renvoys dessusdits ont esté payez chacun an par lesdits maieur et eschevins depuis le terme de Noel M Vc XL IIII jusqu'au jour de Noel de cet an quarente sept, parce que pour les guerres et assiégement mis par les Anglois et Bourguignons devant ladite ville, les terres sont demeurez à riez et le censier contraint abandonner ladite maison, laquelle a esté démolie et [est] en grande ruine, tellement que depuis ladite année quarente quatre les mises qu'il a convenu faire, tant pour rédiffication et entreténement d'icelle, que pour les renvoys qu'il a convenu payer, ont excédé les receptes de grandes sommes de deniers qui peuvent avoir monté à la somme de mil à douze cens livres.

Si est deub avec ce que dessus, à cause des cens et rentes dessusdits, en argent de renvoy, à plusieurs parsonnes, la somme de XVIII l. XV s. IX d. parisis. Avec ce sont soubzmis lesdits mayeur et eschevins d'entrenir en ladite maison les bourgeois de ladite ville qui deviennent ladres et leur baillier lieu en icelle.

Item, laditte maison du Val, ses appartenances et deppendances a tousjours esté soubz le gouvernement et administration desdits maieur et eschevins depuis quatre cens ans et mieux et lesquelz maieur et eschevins commettent deux eschevins de ladite ville comme maistres d'icelle maison, pour entendre l'entretenement d'icelle et au moyen que lesdits maieur et eschevins ont eu si longtemps l'administration et gouvernement d'icelle maison, les commissaires ordonnez de par le Roy, en l'an XXVII, sur le fait des francs fiefz et nouveaux acquetz, ont tenu et déclaré ladite maison pour amortye et renvoyent lesdits maieur et eschevins sans payer finance, comme il se peut voir par la déclaration icy attachée et, pour le fait de laditte administration et gouvernement, par arrest donné au privé conseil du Roy, nostre sire, au proffit desdits maieur et eschevins, en l'an M V^c XLIII.

Et pour l'approbation du contenu en la présente déclaration, ont, les maieur et eschevins et administrateurs commis au gouvernement de ladite maison, signé de leurs seings icelle déclaration et fait apposer le scel de ladite ville.

Fait le premier jour de janvier mil cinq cens quarante sept, signé F. Dostrel, Gueni, Guérard et Noellet.....

(Ancienne collection Henneguier; *Dossier du Val*, actuellement en la possession de M. Georges de Lhomel, qui a bien voulu nous le communiquer).

XXXI

1641, 13 Juillet. — Bail de la maison du Val passé par les mayeur et échevins de Montreuil au profit de Jean Dubuisson.

Furent présents et comparans en leurs personnes les mayeur et échevins de la ville de Monstreuil-sur-la-mer, administrateurs de la maison du Val-des-Malades, d'une part, et Jéan Dubuisson, cavalier de la compagnie de chevau-légers du seigneur de Villequier, gouverneur de Boulogne et pays de Boullenois, demeurant au village de Le Turne, audit pays de Boullenois, d'autre part; et reconnurent lesdites parties que depuis l'ouverture de la guerre arrivée au mois de juin 1635, ladite maison et cense du Val consistant en mille mesures de terres, tant manoirs, jardins, terres labourables que pâtures, soit tombée en grande décadence et détérioration, les édifices ruinés et brûlés par les ennemis, les jardins, terres et pâtures emblayées de ronces et gazons, et toutes les terres qui souloient être labourées, la plupart étant en friche et riez. Ayanr lesdits sieurs mayeur et échevins, depuis l'ouverture de ladite guerre, fait faire et réitérer plusieurs publications ladite maison être à bailler, tant ès marchés de cette dite ville, qu'Abbeville, Gamaches, Blangy, Dieppe, Boulongne, Calais, Estapes, Samer, Desurennes [1], Hucqueliers et autres lieux, que ladite maison et terres estoit à bailler à ferme, sans que, pour toutes leurs diligences ils aient pu jusques à présent en faire aucun profit.

Et s'étant ledit Dubuisson présenté pour entreprendre le labourage audit titre de ferme, et après avoir eu et entendu ses offres et icelles rapporté plusieurs fois en assemblées et par commune délibération du corps de ladite ville, afin d'obvier à plus grande ruine de la maison et cense et qu'elle ne demeure plus longtemps inutile pour le profit et utilité apparens de ladite ville et communauté, et afin qu'au moins les renvois dont elle est chargée puissent être dorenavant payés et acquittés, lesdits sieurs mayeur et échevins, pour ce convoqués et assemblés en leur hôtel de l'échevinage, ont pour ce, au nom dudit corps, baillé et accordé, et, par ces présentes baillent et accordent audit Dubuisson, qui, pour ce comparant, a confessé avoir pris pour lui, à titre de louage et de ferme, desdits sieurs, ladite maison et cense du Val, avec les jardins, terres et pâtures qui en dépendent, sans aucune chose en réserve par lesdits sieurs, sinon les bois. De la grandeur, contenance, bonté, tenans et aboutissans desquelles terres, jardins et pâtures, ledit preneur s'est contenté, pour par lui en jouir en telle grandeur et comme en souloit jouir Antoine Poissant [2] et ses associés, derniers fermiers, le temps, terme et espace de trois, six ou neuf ans et neut dépouilles entières de blé et mars, commençans au 1er mars prochain de l'an 1642. Est permis audit preneur faire son profit des manoirs et pâtures, même y labourer et dépouiller ce qu'il pourra, et désoler à l'aout prochain, pour y mettre blé jusqu'au nombre de trente mesures, sans aucune chose payer. A la charge par ledit Dubuisson, et à quoi il s'est submis, en rendre et payer auxdits mayeur et échevins, leur administrateur ou commis, par chacune desdites neuf années, la somme de six cens livres à deux termes, tels que Noel et Pâques, le premier terme de paiment échéant au jour de Noel 1642 et le second au jour de Pâques ensuivant. Et outre ce, a promis et sera tenu acquitter pendant lesdites neuf années et par chacune d'icelles, le nombre de 84 septiers de blé et 48 septiers et demi d'avoine, tels que dus sont pour les renvois dus à cause de ladite maison et terres au jour de Saint-André de chacune année, pour mars, commençant au jour de Saint-André de l'année 1642 et ainsi continuer pendant lesdites neuf années, et outre de payer chaque année à M. Jean Le Pottier, étant au droit du sieur de Vames, un septier de pois blancs et les censives dues à cause de ladite maison et terres à l'abbaye de Saint-Saulve, Sainte-Austreberthe et autres, jusques à la somme de quinze livres ou environ; desquels ledit preneur sera tenu apporter acquit d'an en an. Sera tenu le preneur, sans diminution de ladite redevance, amener du bois du Val en cette ville le nombre de douze chênes, tels qu'ils seront marqués d'an en an par les officiers de ladite ville et de planter chaque année douze ypreaux ou ormeaux, à l'entour de ladite maison, ès endroits qui seront montrés par lesdits sieurs mayeur et échevins.

A été accordé que s'il venoit quelques lépreux qui soient retenus par lesdits sieurs mayeur et échevins, ledit preneur sera tenu leur laisser les lieux et ténemens qui leur seront destinés et où les derniers ont demeuré, si aucun est réédifié. Sera aussi tenu le preneur héberger au chapelain, si aucun y est commis, une vache et un suivant par an.

1. Desvres.

2. Lire : *Poitron*.

A été conditionné que si le preneur était empêché en la récolte desdits grains par l'incursion des ennemis ou autre force majeure, ledit preneur ne payera qu'à proportion de sa jouissance et de ce qu'il pourra jouir dudit bail, comme aussi sera le preneur tenu, outre lesdits ypreaux ou ormeaux, planter chacun an dudit bail dix pommiers et iceux entretenir et conserver deux ans verts, ès lieux qui lui seront désignés, et les renseigner en fin dudit bail. A promis et sera tenu ledit preneur faire tous les charriages qu'il conviendra pour les réparations et entretenement de ladite maison. En la première année duquel bail sera fait un comble sur la chapelle, un autre comble sur l'écurie, desquels lesdits sieurs fourniront les bois et autres matières, desquels le preneur fera les advances sur le prix de sa redevance, sur le pied des marchés qui en seront faits par ledit sieur mayeur, sans que ledit preneur soit tenu rien fournir, outre ladite redevance, que les charriages. Lesquels bâtiments le preneur entretiendra de pellevergues, torques, mortier et d'un couronnement de trois en trois ans, sur le total des bâtiments qui seront construits à ladite maison. Et si ledit preneur fournissait quelques gluys pour les réparations desdites couvertures, ou constructions d'icelles, lui seront déduits sur le prix de sa redevance, à six livres le cent. Aura le preneur à son profit pour chacune année dudit bail deux mesures de bois en la coupe ordinaire, des grands bois de ladite ville, non du pire ni du meilleur. Entretiendra le preneur les terres de ladite maison en leurs soles et compostures, sans les pouvoir dessoler outre ce qui est accordé ci-dessus, et les amander bien et dûment des fumiers qui en procéderont, et autant les lointaines comme les prochaines, sans pouvoir les transporter ailleurs.

Acquittera le preneur sans diminution des charges ci-dessus les dîmes et terrages à quoi lesdites terres sont sujettes, ensemble les tailles, taillons, gabelles et autres levées de deniers qui se pourra faire sur la maison et terre pendant ce présent bail. Sera tenu de tenir les hayes fermées des jardins de ladite maison, sans pouvoir toucher au fil d'icelles, seulement les émonder pour servir de rétoupure. A été stipulé que si ledit sieur mayeur trouvoit bon de faire marner quelques parties desdites terres, le prix dudit marnage se paiera par moitié par lesdits bailleur et preneur. Ne pourra ledit preneur mettre le présent bail en autre main sans le consentement exprès desdits sieurs bailleur, sauf qu'à l'entrée d'icelui il pourra y associer telles persones qu'il advisera, les faisant agréer par ledit sieur mayeur ; sauf qu'il pourra faire arrière-bail des terres plus éloignées de ladite maison, demeurant toujours le preneur obligé au payment de la susdite redevance.....

Fait, passé et reconnu audit Monstreuil, par devant les notaires soussignés, le 13e jour de juillet 1641. Et ont signé : H. Heuzé, Dumuret, Hurtrel, Nicolas Leroy, de Boullongne, Jean du Buisson, Allard, Lovergne.

(Minutes du notaire Lovergne ; copie *de la bibliothèque de Nielles-lez-Blequin*).

XXXII

1674, 16 Juin. — Arrêt de la chambre royale du 16 juin 1674 enlevant a la ville de Montreuil la jouissance de la maladrerie du Val et réunissant celle-ci a l'ordre de Saint-Lazare.

Entre les sieurs grands vicaire général, commandeur et chevaliers de l'ordre de Notre-Dame du Mont-Carmel et de Saint-Lazare de Jérusalem, demandeurs en requête insérée en l'arrêt du 2e jour de mars 1673, controllé le 4 du même mois, d'une part, et les mayeur et échevins de la ville de Montreuil, administrateurs possesseurs de la maladrerie et hôpital dudit lieu, diocèse d'Amiens, d'autre part. Vue par la chambre l'instance d'entre les parties, ledit arrêt du 4 mars 1673, par lequel la chambre a ordonné que les détenteurs de maladreries, hôpitaux, bénéfices, commanderies et autres lieux pieux appartenant audit ordre ou à icelui réunis par l'édit du mois de décembre 1672, seraient assignés en la chambre, aux fins de ladite requête, assignée audit arrêt commission sur icelui du 5 dudit mois de mars, ledit exploit dudit jour 2 juin, controlé le 4, donné à la requête des demandeurs aux défendeurs, à comparoir en la chambre pour se voir condamner à se désister et départir des biens appartenant et dépendans desdites maladrerie et hôpital ; rendre et restituer auxdits demandeurs tous et chacun les fruits qu'ils en ont perçus depuis vingt-neuf ans, ou du moins pendant le temps qu'ils en ont joui ; faire faire toutes les réparations et dégradations qui se trouveront à faire ès lieux en dépendans, suivant la visitation qui en sera faite par gens à ce connaissants, conformément et ainsi qu'il est porté par ledit édit ; d'aporter et mettre au greffe de ladite chambre tous et chacuns les originaux des titres et papiers et enseignements en vertu desquels ils se sont immiscés en la jouissance et possession des fruits, profits, revénus et biens desdits maladrerie et hôpital ; en laisser la libre possession et jouissance auxdits demandeurs ; rendre incessamment compte de l'administration et gouvernement qu'ils ont eus desdits maladrerie et hôpital, en rapportant toutes les pièces justificatives, pour être mises aux archives dudit ordre ; sinon, et à faute de ce faire, qu'ils y seront contraints comme dépositaires de justice, nonobstant oppositions et appellations quelconques, et condamnés aux dépens. Défenses desdits mayeur et échevins étant ensuite d'un cahier contenant plusieurs copies de pièces, ensuite desquelles est un sommaire inventaire d'icelles communiquées par lesdits défendeurs à Mre Charles Cornet, avocat et conseiller de Sa Majesté et desdits demandeurs, signifiés le 19 décembre dernier ; arrêt du 23 dudit mois, par lequel la chambre, sur lesdites demandes et défenses, a appointé les parties à écrire et produire par devers elle dans la huitaine, bailler contredits et salvations dans le temps de l'ordonnance signifiée le 8 janvier 1674 ; extrait tiré de la chambre des comptes de Paris, suivant requête de messire Gabriel de Chalus, sieur du Fresnoy, chevalier, commandeur dudit ordre et pourvu de la maladrerie de Montreuil, et arrests de ladite chambre des comptes des 10e et 11e février audit an 1673 et collationné ledit jour 11e février, signé *de Vallée*, auditeur des comptes, contenant la déclaration du bien et revenu de la maison, cense et maladrerie du Val-des-Malades, appartenant aux bourgeois de la ville de Montreuil, assise en la sénéchaussée de Ponthieu, présentée par François d'Ostrel, licencié ès loix, mayeur de ladite ville, fondé de procuration des mayeur et échevins d'icelle, suivant lettres patentes de S. M. du 21 septembre 1547, au sénéchal de Ponthieu, commissaire en ladite partie, le 23 décembre audit an 1547; ensuite de laquelle est aussi la déclaration du temporel appartenant aux maître et sœurs de l'hôtel Dieu de Saint-Nicolas en ladite ville de Montreuil; arrêté du parlement de Paris du 21 juin 1597, entre Jean Moullard, administrateur de ladite maladrerie de Montreuil, d'une part, et Jacques Dieu, François Baillet et Annette Poulet, *lépreux* de Boulogne et Jacques Godé, sergent pris à parti, défendeurs, d'autre, par lequel a été ordonné que pour les arrérages de la pension ordonnée aux défendeurs, échus depuis que ledit Moullard était en charge et réduction de ladite ville de Montreuil, l'arrêt du 23 février seroit exécuté et lesdits défendeurs payés suivant icelui, et sur la demande des précédents les parties mises hors de cours; productions de demandes, sommation de produire de la part des défendeurs signifiée à Chanlatte, le 7 avril dernier; une liasse contenant vingt copies collationnées à leurs originaux, trouvés, puis remis aux archives de l'échevinage de Montreuil, par Bosquillon et Pasquier, notaires royaux résidants audit Montreuil, les 27, 28, 29 et 31 juillet derniers : la première, d'une donation à cause de mort faite l'an 1202 par Arnulphe de la Panne [1], sur son départ pour Hiérusalem, aux lépreux du Val, de 40 arpens de terre à Domselve [2], après la mort de Liénarde, sa femme, et de toute ladite terre, en cas de décès de Thomas de le Panne, fils dudit Arnulphe, sans hoirs. La deuxième, d'autre donation faite l'an 1205 par Billechilde de Blauville [3] auxdits lépreux du Val, du terrage de la terre de Carneate de Bottin [4]. La troisième, d'autre donation de 1215, faite par Eustache, buticulaire de Selles [5] et Mathilde, sa femme, à la maison des lépreux de Montreuil, de six vingt arpens, tant dedans que dehors le bois, et ainsi qu'il y avait d'avantage dans le bois Jehan [6] et le bois des Rouvereis. La 4e, du mois de janvier 1222, d'une transaction passée entre les abbé et couvent de Saint-Sauveur [7] de Montreuil et les lépreux du Val dudit lieu, par laquelle a été accordé que lesdits lépreux jouiraient des revenus et offrandes de la chapelle de leur maison et des décimes de cortillages à leur usage, à savoir de tous ceux qui ne seraient pas vendus, et, quant aux décimes de ceux qui le seraient et des animaux de service, elles appartiendraient aux abbé et couvent. La cinquième, du mois de juin 1232, ratification faite par Guillaume, soldat [8], seigneur du Mont-Campagne [9],

1. La ferme du Pen ou *du Paon*, commune d'Ecuires.
2. *Domèselve*, commune d'Ecuires.
3. *Bloville*, commune de Bois-Jean.
4. Lire : *Jean de Beutin*.
5. Le seigneur de Selles était bouteiller du comte de Boulogne.
6. Aujourd'hui la commune de Boisjean.
7. Lire : *Saint-Saulve*.
8. Mauvaise traduction du mot *miles*.
9. Lire : *Montcavrel*.

d'une donation faite par ses prédécesseurs, son père et son frère, de deux septiers de bled payables, audit Mont-Campagne, le jour de Saint-Rémy, à ladite maison des lépreux de Montreuil. La sixième, du 12 janvier 1233, autre donation faite par Gillette, veuve de Hugon de Juhmes [1], soldat, de la moitié du terrage de 80 journaux de terre, auxdits lépreux, l'autre moitié étant par eux possédée au moyen de l'acquisition qu'ils en avaient faite dudit Hugon de Juhmes.

La septième, du mois de décembre 1239, vente faite par Robert Ganes, Jehan, son fils, bourgeois de Montreuil et Marguerite, sa femme, aux maître et sœurs de la léproserie de Montreuil, de 23 journaux moins un quartier de terre proche la Haye-Becquet. La huitième, du mois d'août 1252, vente faite par Jacques de Broutin [2], bourgeois de Montreuil, et Jeanne, sa femme, de 355 journaux de terre labourable, en trois pièces, l'une sise au terroir de Donneselve [3], l'autre, au lieu dit Courteval [4], la troisième, dans l'étendue de la châtellenie de Saint-Odemare [5], moyennant XXV sols parisis chaque journal. La 9e, du mois de janvier 1260, vente faite par Raimbert de Beaumerie, auxdits lépreux, de cent journaux de bois, sis entre le bois de la dame Evagny et Marguerite de Ranquen [6], et autres droits y mentionnés. La dixième, du mois de juin audit an 1260, acte passé entre lesdits Raimbert et frères de ladite maladrerie, par raison de ladite vente. La onzième, du mois de juillet 1266, vente faite aux frères de la léproserie de Montreuil, par Aala, fille de Baudouin, nommé Sens [7], d'une pièce de terre d'environ vingt journaux, chargée de 12 deniers parisis de cens annuel envers Vautier de Nempont et ses hoirs. La douzième, du mois d'avril 1270, autre donation faite par Baudouin de Fiénez [8] à la maison de la maladrerie de Montreuil, d'un muid d'avoine à la mesure de Montreuil, faisant partie de trois muids que ladite maison lui devait chacun an. La treizième, du mois de mai 1270, ratification par Engrand [9], chevalier, sieur de Fiénez, son frère, d'un muid d'avoine au muid de Montreuil, lequel ledit Baudouin s'était réservé sur trente-deux journaux de terre ou environ, que ledit Baudouin avait donnés à ladite maison. La quatorzième, au mois de mai dudit an 1270, déclaration faite par Guillaume de Fienlz [10], que messire Baudouin, son oncle, avait vendu, pour huit ans, du jour Saint-Rémy, lors prochain, à ladite maison de la maladrerie de Montreuil, cinq muids de grains au muids de Montreuil, dont deux seigle et trois avoine, que ladite maison devait audit Baudouin et que ledit Baudouin avait loué pour huit ans, dudit jour de Saint-Rémy lors prochain, trente-huit journaux de terre, peu plus ou moins, à Quesnoy de Wailly, lesquels vente et louage il approuve. La quinzième, du mois de mai 1272, vente faite par Guillaume de Waben,

1. *Junel* (Jumetz, *judæi mansus*), hameau de Beaurainville.

2. Lire : *Jacques de Beutin.*

3. Lire : *Domeselve.*

4. Lire : *Torteval.*

5. La châtellenie de Saint-Omer, c'est-à-dire de Beaurain, qui appartenait à cette époque à la maison de Saint-Omer.

6. Lire : *le bois de dame Dave* et le *marché du Ranquet.*

7. Lire : *Sanse.*

8. *Fiennes*, canton de Guines.

9. Enguerran.

10. *Id.*

chevalier, du consentement de Marguerite, sa femme, et de Jehan, son fils, à ladite maison de la maladrerie du Val de Montreuil, de 33 journaux de terre situés esjoignans les terres du Val de Montreuil et le bois de la bergerie, à la charge de 12 deniers de cens. La seizième, de l'an 1273, donation faite par Guillaume de Montreuil, aux infirmes, de la terre de Halloy et ses dépendances, aux réserves y déclarées. La dix-septième, de l'an 1277, faite à ladite maison par Gautier de Montreuil, de cent quatre-vingt journaux de bois, en partie par aumône, en partie par argent, en faveur des lépreux du Val, avec réserve de cinq sols de cens, aux us et coutumes dudit Montreuil. La dix-huitième, de l'an 1331, convention faite entre Jean de Quillen, écuyer, demeurant à Saint-Aubin, et les échevins de la ville de Montreuil et les gouverneurs de ladite maison du Val, par laquelle est accordé qu'au lieu d'un droit de fauchillage que ladite maison devait à cause d'une pièce de terre contenant 25 journaux environ, sise devant le bois de Champigneul [1], elle pourrait rendre 11 sols parisis de rente, jour de Saint-Rémy.

La dix-neuvième, de l'an 1349, donation faite au profit de l'hôpital Dieu, de nouveau fondé en la ville de Montreuil, que l'on dit l'hôpital de Notre-Dame, de deux muids de grains, par Jehan Cécille et demoiselle Marie, sa femme; et la vingtième et dernière, du 29 août 1451, jugement arbitral rendu entre les mayeur et échevins de ladite ville, à cause de leur maison et maladrerie du Val, et les religieux du couvent de Notre-Dame de Longvillers, sur une complainte en cas de nouvelleté introduite par lesdits mayeur et échevins, pour raison et cause de 20 mesures de terre ou environ, situées assez près des maison et cense du Val; par laquelle a été déclaré qu'appartiendra auxdits religieux quatre journaux à prendre tout le long du chemin de Saumey, depuis la terre desdits religieux, selon ledit chemin, jusques à la terre Payen de Caumaisnil, et, quant au surplus de ladite terre, auxdits mayeur et échevins, à cause de la dite maison. Trois extraits des registres des délibérations de cette dite ville de Montreuil, faits sur leurs originaux représentés par lesdits mayeur et échevins auxdits Pasquier et Bocquillon, notaires, ledit jour, dernier juillet 1673; le premier desquels est pour les années 1589 et 1590; le 2me pour les années 1620, 1643, 1644, 1656, 1666 et 1667, et, le 3me, pour les années 1668, 1669, 1671 et 1672, contenant les noms des échevins en charge qui ont administré ladite maison du Val et autres officiers selon leurs rangs et dignités. Une autre liasse contenant 25 extraits aussi tirés par lesdits notaires, le 26 du même mois de juillet, sur les originaux des comptes rendus par les échevins administrateurs de la maison du Val-des-Malades, aux mayeur et échevins de la ville, de l'administration qu'ils ont eue du revenu de ladite maison, rentes, cens, bois et grains, pour les années 1539, 1560, 1561, 1565, 1569, 1575, 1580, 1588, 1573, 1590, 1591, 1592, 1597, 1598, 1601, 1602, 1606, 1613, 1614, 1630, 1649, 1653, 1654, 1657 et 1658, clos et arrêtés au bureau de l'échevinage de ladite ville. *Copie collationnée* d'un arrêt du grand conseil, du 18 juin 1543, entre les mayeur et échevins de ladite ville de Montreuil, appelans du bailli d'Amiens ou son lieutenant en la ville et prevôté dudit Montreuil, d'une part, et maitre Nicolas d'Annebaut, prêtre et requérant être institué administrateur de ladite maladrerie, intimé, d'autre part, par lequel a été ordonné que lesdits mayeur et échevins auraient l'administration de ladite maladrerie. *Autre copie* collationnée d'arrêt du parlement de Paris du 8 janvier 1585 rendu entre lesdits

1. *Campigneulles-les-Petites*, canton de Montreuil.

mayeur et échevins de la ville de Montreuil, en rétention de cause, d'une part, et Bertrand de la Guyant[1], défendeur, d'autre ; par lequel ledit de La Guyant a été condamné aux dépens de la cause d'appel. *Copie du jugement de la charité chrétienne* du 24 janvier 1609, rendu sur la requête desdits sieurs mayeur et échevins de Montreuil, par lequel il a été ordonné qu'ils jouiraient, comme ils avaient fait par le passé, du revenu de ladite maison du Val, comme fondateurs et légitimes administrateurs, et nommeraient personnes capables au gouvernement d'icelle, qui leur en rendraient compte et payeraient, suivant leurs offres, 60 livres au receveur commis au recouvrement des deniers des maladreries et hôpitaux de France. *Copie* de la sentence de la générale réformation des hôpitaux et maladreries de France du 20 septembre 1614, aussi rendu sur la requête desdits mayeur et échevins, par laquelle main-levée a été faite auxdits mayeur et échevins de la ville de Montreuil de la saisie faite à la requête du procureur général de ladite chambre de la générale réformation des revenus de ladite maison du Val-des-Malades et du petit hôpital Notre-Dame, à la charge de payer par chacun an au receveur de ladite chambre de la générale réformation, la somme de 60 livres, ensuivant ledit jugement de la charité chrétienne. *Autre copie* du jugement du lieutenant particulier en la sénéchaussée et siège présidial de Ponthieu, commissaire en cette partie, du 17 janvier 1622, rendu entre lesdits mayeur et échevins de ladite ville, administrateurs des revenus de la maison et maladrerie du Val et hôpital Notre-Dame en ladite ville de Montreuil, et le procureur du roi en ladite chambre de la générale réformation, et Me Jacques Saumont, grand vicaire du sieur grand aumonier de France, par lequel lesdits mayeur et échevins ont été déchargés de l'assignation à eux donnée à la requête dudit procureur du roi et maintenus et gardés en la possession de l'administration desdits maladrerie et hopital, aux charges portées ès dit jugement.

Sauvegarde accordée par Antoine, duc de Vendôme, pair de France, gouverneur et lieutenant général pour le Roi ès pays de Picardie et Artois, aux habitants de la banlieue dudit Montreuil et à ceux de la maison du Val lez ledit lieu, le 23 septembre 1538, afin qu'ils eussent occasion de venir faire le guet ès portes en ladite ville.

Extrait tiré par lesdits notaires sur l'original, tiré et remis ès archives de l'échevinage de ladite ville de Montreuil, ledit jour 27 juillet dernier, du compte rendu par Nicolas Lamirand, échevin et argentier de la ville de Montreuil-sur-la-mer, pour un an commencé au jour Saint-Simon et Saint-Jude de l'an 1538 et finissant à pareil jour 1539, après l'infortune et ruine de ladite ville de Montreuil faite par les ennemis de ce royaume.

Extrait de l'histoire ou inventaire de *de Serre*, faisant mention de la prise, brûlement et destruction de ladite ville de Montreuil par les impériaux, en 1537. *Productions* desdits défendeurs ; contredits desdits demandeurs à ladite production desdits défendeurs, signifiés le 11 avril ; contredits desdits défendeurs contre ceux desdits demandeurs, signifiés le 16 mai ensuivant ; déclaration faite par des anciens mayeur et échevins de ladite ville, du 26 dudit mois de mai, passée par-devant notaires de ladite ville de Montreuil, que de tout temps l'administration de ladite maison et cense du Val et ses dépendances a appartenu auxdits mayeur et échevins, qui y commettent annuellement un d'entre eux, et que toutes et quantes fois qu'il y ont été troublés, ils ont été maintenus par divers arrêts du conseil et autres cours et juridictions au fait de la matière, ainsi qu'il est porté par les anciens

1. Lire : *de la Guyonne.*

titres de la fondation et autres choses portées audit acte produit suivant la requête de production nouvelle desdits défendeurs reçue de l'ordonnance de la chambre du 2e jour du présent mois, signifiée le même jour, et tout ce que desdites parties a été mis et produit par-devant la chambre ; conclusions du procureur général du roi en son conseil d'état, commissaire à ce départi, et tout considéré.

La chambre, faisant droit sur l'intance, a condamné et condamne lesdits mayeur et échevins de Montreuil se désister et départir au profit dudit ordre, de la possession et jouissance de ladite maladrerie du Val-des-Lépreux, biens et revenus en dépendans ; rendre et restituer les jouissances depuis le 2e jour de juin 1673, jour de la demande ; apporter au greffe de ladite chambre pour être ensuite portés aux archives dudit ordre, tous les titres, papiers et enseignements qu'ils ont concernant lesdits biens et se purger par serment que par dol, fraude, ni autrement, ils n'en retiennent aucun, à la charge par ledit ordre de faire dire et célébrer le service divin en la manière accoutumée. Dépens compensés.

Fait à l'arsenal, à Paris, le 16 juin 1674. Signé : *Macé*.

(Copie de la bibliothèque de Nielles-lez-Bléquin).

XXXIII

1686, 23 Juillet. — Bénédiction de la chapelle du Val.

Le vingt-troisième jour de juillet de l'année mil six cens quatre-vingt-six, la chapelle de la commanderie du Val, paroisse de Saint-Vaast d'Escuyres, qui avoit esté bénite en l'année mil six cens soixante et cinq et qui depuis estoit tombée en ruine et devenue hors d'état que l'on y pust célébrer la sainte messe, a esté bénite de nouveau par nous Jean Bermon, doyen de chrétienté de Montreuil et curé de Saint-Walloy dudit Montreuil, par permission de monseigneur François Faure, illustrissime et révérendissime évêque d'Amiens, en présence de vénérable personne Mre Josse Raimbaut, curé de ladite paroisse d'Escuyres et de plusieurs autres ecclésiastiques qui ont signé ; de messire Louis de Cadrieu, chevalier de l'ordre de Saint-Lazar, commandeur de ladite commanderie du Val et cy-devant capitaine-major du régiment de Bourgogne, qui a fait réédifier ladite chapelle à ses frais ; de noble homme Louis Sublet, escuyer, seigneur de Frémicourt, de noble homme Robert Acarie, escuyer, seigneur de Conteval, tous deux de la paroisse d'Escuyres ; du sieur André Havyne, seigneur du Quint-d'Aix et de Gouy-en-Yssart, baillif général de la châtellenie de Beaurain et du sieur Jacque Prévost, demeurant audit lieu du Val, et de plusieurs autres, qui ont signé : Raimbault ; Cadrieu ; La Hunière ; Lebel ; Accary de Conteval ; Havynne ; de Basse-Boullongne ; Prevost ; fr. Henry de Sainte-Ostreberte, soupp., religieux des Carmes de Montreuil ; fr. Bernard de Saint-Jehan, religieux carme ; A. Desmonts, prêtre, chapelain de la charité de Nôtre-Dame ; J. Boucry ; A. Marcotte, prêtre ; J. Bermon.

(Registre aux baptêmes de la paroisse d'Ecuires. — Cf. Rodière, *Épigraphie du canton de Montreuil*, t. I, p. 11, note 2).

XXXIV

S. d. (1693). — Supplique au Roi, des mayeur et échevins de Montreuil, a l'effet d'être réintégrés dans la maladrerie du Val.

Les maire et eschevins de la ville de Montreuil-sur-mer vous remontrent très humblement qu'ils sont administrateurs de la maison du Val-des-Malades, dans laquelle il y a eu de tout tems une hospitalité régulière observée et entretenue pour y soigner les pauvres malades de ladite ville et banslieux. Cette administration appartenoit à ladite ville de Montreuil, suivant les tiltres de fondation et de concession faites au profit de ladite maison du Val-des-Malades par les anciens seigneurs de Montreuil, comme entre autres sont ceux de l'année mil deux cens, mil deux cens trente-deux, mil deux cens soixante-dix, mil deux cens soixante-treize et autres années, ce qui a esté suivy d'une possession de plusieurs siècles et d'une administration paisible, jusqu'à ce que les sieurs grand vicaire général, commandeurs, chevaliers et administrateurs des ordres de Nostre-Dame de Montcarmel et de Saint-Lazare s'en sont enparez, en exécution de l'édit du mois de décembre mil six cens soixante-douze et en ont dépossédé les supplians. Et comme cette maison Dieu est non seulement fondée de l'ancien patrimoine des seigneurs de Montreuil et des autres personnes charitables qui y ont contribuez de leur bien, mais que d'ailleurs elle est utile non seulement pour y retirer et entretenir les pauvres malades de la ville et banslieux, mais aussy les pauvres soldats et autres personnes de marine et que dans le tems présent les occasions ne sont que trop fréquentes, les suppliants ont esté conseillez de présenter leur requeste au conseil en exécution de l'édit du mois de mars mil six cens quatre-vingt-treize, de la déclaration du mois d'avril en suivant et des arrests du conseil rendus en conséquence pour leur estre pourveu.

Attendu les tiltres tous autentiques qu'ils représentent de l'ancienne fondation et dotation de ladite maison et de la possession de plusieurs siècles résultante des comptes qui ont esté rendus aux administrateurs de ladite maison choisis du corps des officiers municipaux et des bourgeois de ladite ville.

A ces causes, sire, plaise à Vostre Majesté, attendu ce que dessus, ordonner que les suppliants seront réintégrez en la possession d'administrateurs de ladite maison de Val-des-Malades, terres, fruicts, revenus, droits et profits en dependans, pour estre employez à la nourriture et entretiens des pauvres, comme auparavant l'édit du mois de décembre mil six cens soixante-douze, ordonner pareillement que les meubles et ustancils qui peuvent estre restez en ladite maison, lorsque les suppliants ont esté dépossédez, leurs seront pareillement rendus et restituez, pour estre ladite administration, faite par les administrateurs qui seront choisis en la manière accoustumée, et les suppliants continueront leurs prières pour la santé et prospérité de Vostre Majesté.

Signé : AUDOUL.

(Ancienne collection Henneguier; *Dossier du Val* communiqué par M. G. de Lhomel).

XXXV

1695, 13 JUILLET. — ARRÊT DU CONSEIL PRIVÉ DU ROI ORDONNANT LA RÉUNION A L'HÔTEL-DIEU DE MONTREUIL DES MALADRERIES DU VAL, VERTON, WABEN ET MONTIGNY-LEZ-NEMPONT.

Veu par le Roy en son conseil les avis du sieur evesque d'Amiens et du sieur Bignon, conseiller de Sa Majesté en ses conseils, maître des requestes ordinaire de son hostel, intendant et commissaire départy en la généralité d'Amiens sur l'employ à faire au proffit des pauvres des biens et revenus des maladreries, hôpitanx et hôtels-Dieux mentionnez du diocèse d'Amiens, en exécution de l'édit des déclarations des mois de mars, avril et aoust mil six cens quatre-vingt-treize, ouy le rapport du sieur de Fourex, conseiller d'état, et suivant l'avis des sieurs commissaires deputez par Sa Majesté pour l'exécution desdits édit et déclarations et tout considéré,

Le Roy, en son conseil, en exécution desdits édit et déclarations, a uni et unit à l'hôtel-Dieu de la ville de Montreuil, les biens et revenus de la maladrerie du Val dudit Montreuil et des maladreries de Verton, Vuaban et Montigny-les-Nempont, à proportion des revenus, pour jour en jouir du premier du présent mois et estre lesdits revenus employez à la nourriture et entretien des pauvres malades dudit hostel-Dieu, à la charge de satisfaire aux prières et services de fondation dont peuvent estre tenues lesdittes maladeries et de recevoir les pauvres malades de Verton, Vuaban, Montigny-les-Nempont, à proportion des revenus des maladreries desdits lieux, et en conséquence ordonner Sa Majesté que les titres et papiers concernant lesdites maladeries, biens et revenus en dépendans qui peuvent être en la possession de maître Jean-Baptiste Macé, cy-devant greffier de la chambre royalle, aux archives de l'ordre de Saint-Lazarre, entre les mains des commis et préposez par le sieur intendant et commissaire départi en la généralité d'Amiens, même en celles des chevaliers dudit ordre, leurs agens, commis et fermiers ou autres qui jouissoient desdits biens et revenus avant l'édit du mois de mars mil six cent quatre-vingt-treize, seront délivrés aux administrateurs dudit hôtel-Dieu, à ce faire les dépositaires contraints par toutes voyes. Ce faisant il s'en demeureront bien et valablement deschargés; et, pour l'exécution du présent arrêt seront toutes lettres nécessaires expédiées.

Fait au conseil privé du Roy tenu à Paris ce treizieme jour de juillet mil six cens quatre-vingt-quinze.

Signé : DESVIEUX, avec parafe.

(*Id.*, copie).

XXXVI

1696, JANVIER. — LETTRES PATENTES DU ROI PORTANT RÉUNION A L'HÔTEL-DIEU DE MONTREUIL DES MALADRERIES DU VAL, WABEN ET MONTIGNY.

Louis, par la grace de Dieu, roi de France et de Navarre, à tous présens et à venir, salut.

Nos bien amés les administrateurs de l'hôtel-Dieu de la ville de Montreuil nous ont fait remontrer que par nos édits et déclarations des mois de mars, avril et aout 1693 nous aurions désuni de l'ordre de N.-D. du Mont-Carmel et de Saint-Lazare les maladreries, aumoneries et léproseries qui y avaient été jointes et incorporées et icelles réunies aux hôpitaux desquelles elles avaient été désunies, et que par arrêt de notre conseil du 13 juillet dernier rendu en exécution de nos édits et déclarations et suivant l'avis des sieurs commissaires par nous députés pour l'exécution d'iceux nous aurions uni à l'hôtel-Dieu de ladite ville de Montreuil les biens et revenus des maladreries mentionnés audit arrêt, pour l'exécution duquel toutes lettres nécessaires seraient expédiés, lesquelles lesdits sieurs administrateurs nous ont fait tres humblement supplier leur vouloir accorder;

A ces causes, et de l'avis de notre conseil qui a vu ledit arrêt du 13 juillet dernier, dont l'extrait est ci-attaché sous le contre-scel de notre chancellerie, nous, conformément à icelui et de notre grâce spéciale, pleine puissance et autorité royale, avons par ces présentes signées de notre main, uni et unissons à l'hôtel-Dieu de la ville de Montreuil, les biens et revenus de la maladrerie du Val dudit Montreuil et des maladreries de Verton, Waben et Montigny-lez-Nempont, pour en jouir du 1er dudit mois de juillet dernier et être lesdits revenus employés à la nourriture et entretien des pauvres malades dudit hôtel-Dieu, à la charge de satisfaire aux prières et service de fondations dont peuvent être tenues lesdites maladeries, et de recevoir les pauvres malades de Verton, Waben et Montigny-lez-Nempont, à proportion des revenus des maladreries desdits lieux, et, en conséquence, ordonnons que les titres et papiers concernant lesdites maladreries, biens et revenus en dépendants, qui peuvent être en la possession de Me Jean-Baptiste Macé, ci-devant greffier de la chambre royale, aux archives de l'ordre de Saint-Lazare et entre les mains des commis préposés par le sieur intendant et commissaire par vous départi en la généralité d'Amiens, et même en celle des chevaliers dudit ordre, leurs agens, commis et fermiers et autres qui jouissaient desdits biens et revenus avant nôtre dit arrêt du mois de mars 1693, seront délivrés aux administrateurs dudit hôpital, à ce faire, les dépositaires contraints par toutes voies; le faisant ils en demeureront bien et valablement déchargés.

Si donnons en mandement, *etc.* Donné à Versailles au mois de janvier, l'an de grâce 1696 et de notre règne le 53e. Signé : LOUIS, et plus bas : *Par le roi :* Phelippeaux, avec griffe ; et, sur le reply : Enregistrées, oui le procureur général du Roi, pour jouir par les impétrans de leur effet et contenu et être exécutées selon leur forme et teneur, suivant les arrêts du jour. A Paris, en parlement, le 23 février 1696. Signé : du Tillet, avec paraphe, et, à côté, visa : Boucherat.

(Extrait des registres du parlement).

XXXVII

1696, 23 FÉVRIER. — ARRÊT D'ENREGISTREMENT DES LETTRES QUI PRÉCÈDENT.

Veu par le conseil les lettres du Roy données à Versailles au mois de janvier mil six cens quatre-vingt-treize, signées : *Louis;* et sur le reply : par le Roy : Phelippeaux, et seellées du grand seeau de cire verte, obtenues par les administrateurs de l'hôtel-Dieu de la ville de Montreuil, par lesquelles, pour les causes y contenues, ledit seigneur Roy auroit uni audit hostel-Dieu les biens et revenus de la maladrerie du Val dudit Montreuil et des maladreries de Verton, Vuaban et Montigny-les-Nempont . . . .

Veu aussy l'arrest du conseil sur ce que elles ont été expédiées et la requeste à fin d'enregistrement d'icelles et conclusions du procureur général du Roy.

Ouy le raport de Me François Robert, conseiller, tout considéré, la cour a ordonné et ordonne que lesdittes lettres seront enregistrées au greffe d'icelle pour jouir par les impétrantes et leurs successeurs ou ladite administration dudit hostel-Dieu de Montreuil de leur effet et contenu et estre exécuté selon leur forme et teneur.

Fait en parlement le vingt troisième février mil six cens quatre-vingt-seize.

Signé : DU TILLET.

(Extrait des registres du parlement; copie ancienne. *Collection Henneguier, dossier du Val* communiqué par M. G. de Lhomel.)

XXXVIII

1710, 24 Novembre. — Procès-verbal des dégats commis a la ferme du Val par l'occupation des troupes françaises.

Ce jourd'huy 24 novembre mil sept cens dix, nous, Jacques Marcote et Claude Vesiliet, notaires en la ville de Montreuil-sur-mer, sus la réquisition du sieur Jacques Prévot, fermier du Val apartenant à l'hostel Dieu de cette ville, ensemble des supérieurs et religieuses dudit hostel-Dieu, à l'asistance et estant accompagné dudit sieur Prévost et d'Antoine Huré et de Jean Lion, garde des bois, demeurant au Bois-Huré, paroisse de Lespine, sommes transportés dans les lieu cy après déclaré, au fins de voire ensuite les desgradations quy y ont esté causé par les troupes de Sa Majesté quy ont cantonnés en ladite ferme, depuis le treize octobre de ladite année mil sept cent-dix jusqu'au dix-neuf de novembre en suivant quy en ont descampé et de tout en dresse procès verbal pour servir audit requérant ce qu'il apartiendra par raison.

Premièrement sommes allé, accompagné dudit sieur Prévot et desdict Huré et Lion dans les bois només Farfu, despendant de ladite ferme du Val qui est à présent en tailly, lesquel ayant visitté et examiné par tous les endroits de celuy et dans lequel avons entré, nous avons trouvé et remarqué que l'on y a coupé trois cens chênes de la grosseur de deux, trois à quatre pied de tour, lesquelles chênes ont esté coupé et enlevé dudit bois Farfu par les troupes de Sa dite Majesté cantonné dans l'estendu de ladite ferme du Val, suivant ce qu'il nous a esté raporté par lesdits susnommé, pour faire service de feu pendant le cantonnement et à leur faire des baracques.

Et de là nous dits nottaires accompagnés du susnommé, somme transporté audit bois tailly appellé le Grand-Rouvre, aussy apartenant et dependant de ladite ferme du Val, lequel, après avoir veu et visitté et entré dans ledit bois, avons encore trouvé qu'il a esté coupé dans le bois le nombre de deux cens chênes raze de terre, de la grosseur de deux à trois pied de tours, suivant que nous en avons jugé par les estocq desdits chênes qui sont dans ledit bois, que nous avons compté ainsy que les précédents et lesquelles chênes ont esté ainsy enlevé dudit bois pour servir à l'usage des troupes de Sa Majesté pendant ledit cantonement, suivant le raport et desclaration que nous en font lesdit sus-nommé, dudit bois Rouvre. Sommes pareillement transporté accompagné des personnes susnommés dans le bois de haute futaye ou réservé touchant au village du Bois-Huré, ausy dépendant de ladite ferme et despendant du bail dudit sieur Prévot, lequel ayant parcouru de toute part, avons recognu et veu qu'il y avoit ausy esté nouvelement coupé le nombre de quatre-vingt chênes de la grosseur de deux à trois pieds de tour, suivant que nous en jugeons par les estocq quy sont dans ledit bois, et lesquelles chênes ledit Lion et Huré nous ont pareillement desclaré qu'il ont une parfaite congnoisance d'avoir veus en tout emportés pareillement des troupes de Sa Majesté pour servir à telle usage qu'il ont souhaité durant ledit cantonnement, et avant sortir dudit bois le sieur Prévot nous a priés de jeter les yeux sur certains fragmans de chênes qui gissoient à terre en iceux de la maîtrise d'Abbeville, de sorte qu'il est resté dans ledit Rouvre 100 balivaux marqué de rouge, 60 dans la vallé du Tremble, 100 dans la première partie du bois Farfeu, pour estre vendu au profit desdits religieuses, conforme au procés-verbal de martelage de messieurs officiers. Et cest qu'aiant considéré nous aurions apercu véritablement plusieurs morceau et fragmens de chênes quy nous ont aparus venir des solives quy ont esté autrefois dans ledit bois et lesquelles solives ledit sieur Prévot nous auroit desclaré avoir faict faire dans ledit bois au nombre d'une centène de solives qu'il y conservait depuis longtemps pour faire servir à la réparation et entretient des batiments de ladite ferme du Val et lesquelles solives les susnommés ont pareillement déclaré avoir veu enlevé par les troupes du cantonnement dont il s'agist.

Et plus nous a esté déclaré par le sieur Prévot et par ledit Huré et Lion que les troupes dudit cantonnement ont pris et enlevé dudit bois despendant de ladite ferme apelé Farfeu le nombre de dix mil fagots façonnés et, dans celui du Grand-Rouvre, le nombre de unze mil de pareille petit fagot dont la plus grande partie estoit pour servir au chaufage des malades pendant cette hiver et les autres, party pour le chauffage dudit Prévot et de sa famille et des domestiques, quy cause des domages et interest à la construction, entreténement et ruine total dudit hostel-Dieu quy ne peut faire subsister les malades quy y viennent journellement, tant l'enlèvement et couppe de chênes, prise des fagots, que par les fourages que les troupes de Sa Majesté ont faict plusieurs fois dans le Boulonnois, païs d'Artois, que dans l'estendue des villages de ce bailliage, où ils ont tous leurs revenus, notamment dans la ferme du Val, dont il tiroient journellement leur subsistances.

Ce fait, nous dits nottaires, à l'asistance desdits susnommé, nous nous serions transporté en la ferme du Val, laquelle ayant visitté de tout costé, nous avons veu et recognu que tous les haies visves quy entouroient les pâtures et jardinages de ladite ferme ont esté coupé et rasé de terre, aussy bien que les arbres qy estoient dans lesdites haies visves, sont en total ruiné, en sorte qu'il n'y reste plus que les vestiges et places et que les pastures et jardinages ne peuvent à présent servir, qu'à moins d'y mestre, au lieu de haies vives, des haies mortes tout à l'entour desdites patures et jardin, quy couteroit audit hostel Dieu pour parvenir à la somme de *trois cens cinquante livres,* suivant l'estimation que nous faict en nostre présence lesdit Lion et Huré, à cause de la chèreté du bois.

Ensuite de quoy nous sommes entré dans toutes les granges et bâtiment de ladite ferme, lesquelles les ayant visitté avec les dessus nommés, les aurions trouvé en partie tout desgradés ..... et tous les bois quy fesoient séparation des granges, vuide sans aucun grains resté, ny fourage de telle nature que ce soit, atendu qu'il nous a esté desclaré par ledit sieur Prévot et certifié par lesdits surnomé que tous lesdict grains ont esté consommé entièrement par le faict dudit cantonement. De plus nous a esté desclaré par ledit sieur Prévot certifié par lesdicts susnommé, que ledit sieur Prévot a eu chez luy en ladite ferme du Val pendant le temps du campement des troupes et armée de Sa Majesté, depuis la rivière de Canche jusqu'à celle d'Authie, sept compagnies de cavalerie avec l'estat major du régiment du Roy, sy que pendant yceluy campement quy consomoit tous les grains que avoit despouillé l'aoust dernier, il a encore esté fouragez par trois diférentes fois par la brigade entière commandée par Monsieur Sternaux, lesquelles, tant l'un que l'autre, luy ont consommé et enlevé deux mil de bled, tant froment que seigle, quy luy auroient produit cent vingt septiers de bled ; douze cens bottes de bailliard quy luy auroit produit cent vint-sept septiers d'orge, cinçq mil cinçq cens bottes d'avoine en grains, quy luy auroit produit cent septiers d'avoine ; huict mil de waras et vèches qui luy auroient produit quatre cens septiers de vèches ; deux mille de waras et bisaille quy luy auroient produit cent septiers de bisaille ; seise mille bottes de jarbe battue, deux cent de foin, trente porcqs et une génisse, jusqu'à un chien courant et un autre couchant, que lesdites troupes dudit cantonement luy ont enlevé furtivement.

Ensuite de quoy, sur la mesme réquisition somme allé visiter les terres encemenchées cette année par ledit sieur Prévot, despendant de ladite ferme du Val, où estans parvenu, tous avons remarqué qu'il s'y est faict un gros domage par le moien des chemins que les troupes dudit cantonement y ont faict, soit pour aller couper les chênes dans ledit bois, pour aller faire la revue du commissaire, faire abreuver leur chevaux à la rivière de Canche, que pour s'aller veoir au cantonement des uns et des autres, comme ausy pour aller fourrager de jour en jour dans le Boulonnois et après qu'il ont eu fouragé les fourages qui estoient dans ladite ferme du Val, ce quy cause audit sieur Prévost sa ruine total et le met hors d'état d'exploiter ladite ferme du Val, atendu qu'il ne luy est resté audit fourages pour faire subsister les chevaux, les troupeaux, vaches et autres bestiaux, dont il faut qu'il fasse vendre ou esgorger, faute de pouvoir leur donner aucune nourriture ny subsistance ordinaire, laquelle ferme du Val est de par chaque an friche, qui, faute d'exploitations d'icelle et de trouver des fermiers, causera la destruction envers ledit hostel-Dieu et le met hors d'estat de recevoir aucuns malades de quelque estat qu'il soit, quy sont en quantité, et qu'il revient et arrivent journellement de l'armée ou passent en cette ville pour aller en leur garnison et laquelle perte arrive audit Prévost par le faict du cantonnement des troupes de Sa Majesté chez luy en sa dite ferme du Val, peut bien aller, suivant l'estimation dudit Lion et Huré, à la somme de vingt mil livres de domages et interest, y compris la perte entière desdit fourages et consomation des grains ou garbes de toute sorte de nature.

Nous a esté néanmoins desclaré par ledit sieur Prévot qu'il a peu, suivant le bruict qui s'est rependu partout sur le faict du cantonnement, il a eu le moyen de sauver et réserver en cette ville dans la cour de l'abbaye de Saint-Sauve environ quatre mille de bled, trois à quatre cens d'avoine et deux à trois cens de waras, tant de bisaille que vesche, à taché de refugier avec peinne et argent dans ladite cour et jardin dudit Saint-Sauve, pour quoy parvenir ledit a déclaré luy avoir cousté la somme de quatre cent livres et lesquels grains il à creue devoir estre emploié en partie à sa subsistance et à celle de ses bestiaux ; mais qu'il se trouve privé de la plus seine partie dudit grain, au moien que lesdits grains quy sont tasé en garbe se trouvent gattez et pourry par les injures du temps arrivé depuis qu'il ont esté réfugié en ladite abbey de Saint-Sauve, faute de gerbes battre pour les mettre à couvert de la pluye et du mauvais temps.

Dont et de tout ce que dessus nous en avons dressé le présent procès-verbal, sur la réquisition du sieur Prévost et desdit supérieure et religieuses dudit hostel-Dieu ; et ont signé avec nous après leur avoir nottifié lesdit du seel et du controle : sœur Jenne Sublet, supérieure, sœur de Saint-Jean-Baptiste, Prévost, Lion, Veusilet, Marcotte.

Controlé ledit journal. VUESILET.

(Copie papier signée par le notaire ; *ancienne collection Henneguier, dossier du Val* communiqué par M. G. de Lhomel).

XXXIX

Etat des impositions extraordinaires du Val-lez-Montreuil qui ont estés imposées depuis 1709 jusques et compriz 1717.

Année	Article				Total
1709. —	Ustancilles	132 l			421 l.
	Fourages	175			
	Capitation, 2 s p. livre	96			
	Fuzil et bayonnettes	11			
	Inspecteurs des bâtiments	5			
	Inspecteurs des manufactures	2			
1710. —	Fuzil et bayonnettes	10 l	18 s		480 l 7 s.
	Epées et ceinturons	6	1		
	Inspecteurs des bâtiments	5			
	Capitations	190	6		
	Ustancilles	148			
	Lignes de la Trouille	9	10		
	Pour fourages	31			
	Voitures	20	10		
1711. —	Capitation	96 l	16 s		210 l 18 s.
	Voitures	14	10		
	Ustancilles	42			
	Fourages	42			
	Voitures	15	12		
1712. —	Capitation	96 l	16 s		281 l 19 s 9 d.
	Habillement de milice	4	10		
	Pour les 14 d au receveur	0	5	3 d	
	Pour au lieu de voitures	5			
	Pour 1 s 6 d attribué au receveur	0	76		
	Pour inspecteur des caisses	2	3		
	Ustancilles	57			
	Pour ration de foin	61			
	Pour 1 s 6 d au receveur	4	11	6	
	Pour autres fourages restant du quartier d'année 1709	43			
	Pour le sol du receveur	2	3		
1713. —	Ustancilles	93 l			207 l 1 s.
	Fourages	21			
	Pont et chaussées	22	5 s		
	Pour le sol pour livre pour les fourages	1	7		
	Capitation	66			
	15 d pour livre	3	15		

		l	s	d	
1714. —	Ustancilles	127	5		
	Pont et chaussées	18	15		
	Fourages	7			
	Capitation	99	10		279 l 17 s 3 d.
	2 s pour livre	9	19		
	12 d pour livre	4	19	6	
	2 s 6 d pour livre	12	8	9	
1715. —	Suppression des offices de maires et officier de ville	61			
	Suppression de l'office de commissaire aux reveus	6	15		
	4 d pour livre	0	2	3	150 l 19 s 9 d.
	Suppression de l'office de commissaire des inventaires	8	5		
	8 d pour livre	5	6		
	Capitation	108			
	4 s pour livre	21	12		
1717. —	Capitation	110			
	2 s pour livre	11			
	Pour deblois	2	15		162 l 15 s 8 d.
	5e de taxations	16			
	8 d pour livre	0	10	8	
	Fourages	22	10		
1716. —	Capitation et 2 s p. l.				226 l 10 s.
	Total.				2421 l 7 s 11 d.

Déclaré le présent état pour servir et valoir ce que de raison. A Abbeville le 23 novembre 1718.

L. Masse.

(Ibid., *dossier du Val.*) [1]

1. Plusieurs des documents qui précèdent se retrouveront probablement dans le *Cartulaire de Montreuil*, dont M. G. de Lhomel, prépare en ce moment la publication. Le lecteur pourra comparer.

Errata et Addenda

Page 10, note 5 ; au lieu de commune de *Buire-au-Bois*, lire *Buire-le-Sec*.

Page 14, ajouter en note : Sur Béatrix, châtelaine de Saint-Omer, veuve de Philippe d'Aire, et sur sa fille Mahaut ou Mathilde, voir GIRY, *les châtelains de Saint-Omer*, p. 37, 38 et 39.

Page 15, ajouter en note : Sur Guillaume VI, châtelain de Saint-Omer, voir *ibid.*, p. 35 et 43.

Id. note 2 ; au lieu de *Beaurainville*, lire *Beaurain*.

Page 68, ligne 5 ; au lieu de *Vicentius*, lire *Vincentius*.

Id. ligne 13 ; au lieu de *Honorius II*, lire *Honorius III*.

Page 85, ligne 6 ; au lieu de *manerium d'Upen*, lire *manerium du Pen*.

Page 95, ligne 45 ; au lieu de *Chenleu*, lire *Clenleu*.

Table onomastique

Paris, 30 mai 1905.

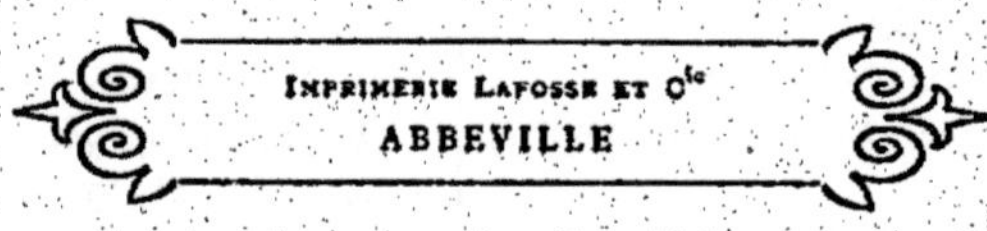
IMPRIMERIE LAFOSSE ET Cie
ABBEVILLE

www.ingramcontent.com/pod-product-compliance
Ingram Content Group UK Ltd.
Pitfield, Milton Keynes, MK11 3LW, UK
UKHW021101200726
13857UKWH00003B/1041

9 782013 038140